4

A ESCRITA, O PAPEL,
A GRAVURA E A IMPRENSA

Pequenas Histórias
que juntas mudaram o mundo

Fabio Mestriner

4

A ESCRITA, O PAPEL, A GRAVURA E A IMPRENSA

Pequenas Histórias
que juntas mudaram o mundo

M.BOOKS

M.Books do Brasil Editora Ltda.

Rua Jorge Americano, 61 - Alto da Lapa
05083-130 - São Paulo - SP - Telefones: (11) 3645-0409/(11) 3645-0410
Fax: (11) 3832-0335 - e-mail: vendas@mbooks.com.br
www.mbooks.com.br

Dados de Catalogação da Publicação

Mestriner, Fabio – 4 pequenas histórias que juntas mudaram o mundo

2014 – São Paulo – M.Books do Brasil Editora Ltda.

1. História   2. História da Humanidade 3. História Geral

ISBN: 978-85-7680-228-0

© 2014 M.Books do Brasil Editora Ltda.

Editor: Milton Mira de Assumpção Filho

Produção Editorial: Beatriz Simões Araújo

Coordenação Gráfica: Silas Camargo

Editoração: Crontec

2014
M.Books do Brasil Editora Ltda.
Proibida a reprodução total ou parcial.
Os infratores serão punidos na forma da lei.
Direitos exclusivos cedidos à

"A influência transformadora da escrita"

Um estudioso observou que wenhua (civilização em chinês) quer dizer:
"A influência transformadora da escrita"

Dedicado à memória do meu pai Augusto Mestriner
1923 – 2007

Em nossa casa sempre houve uma estante de livros

E a professora Elza,
minha mãe, que ensinou tantas crianças
a ler e a escrever

Que caminhos trilhou a escrita, de seu humilde berço de barro na Mesopotâmia até chegar a prensa de Gutenberg na cidadezinha de Mainz, na Alemanha, onde se fundiu com o papel, a xilogravura e a impressão com tipos móveis metálicos?

E o papel, que mirabolantes aventuras e batalhas o trouxeram da antiga China até a Espanha invadida pelos mouros e de lá para Fabriano, na Itália, até chegar a Mainz?

O que podemos contar sobre a jornada da gravura, criada pelos monges budistas na China imperial e que através da Rota de Seda chegou a uma Europa encantada com as lindas estamparias impressas nestes tecidos maravilhosos?

Como foi que estas quatro pequenas histórias se juntaram e quais foram os caminhos que elas percorreram é o que vamos encontrar nesta obra que reúne pela primeira vez, numa sequência ordenada, os acontecimentos que resultaram na ponte por onde cruzaram e na plataforma que sustentou, desde então, a difusão do conhecimento da humanidade.

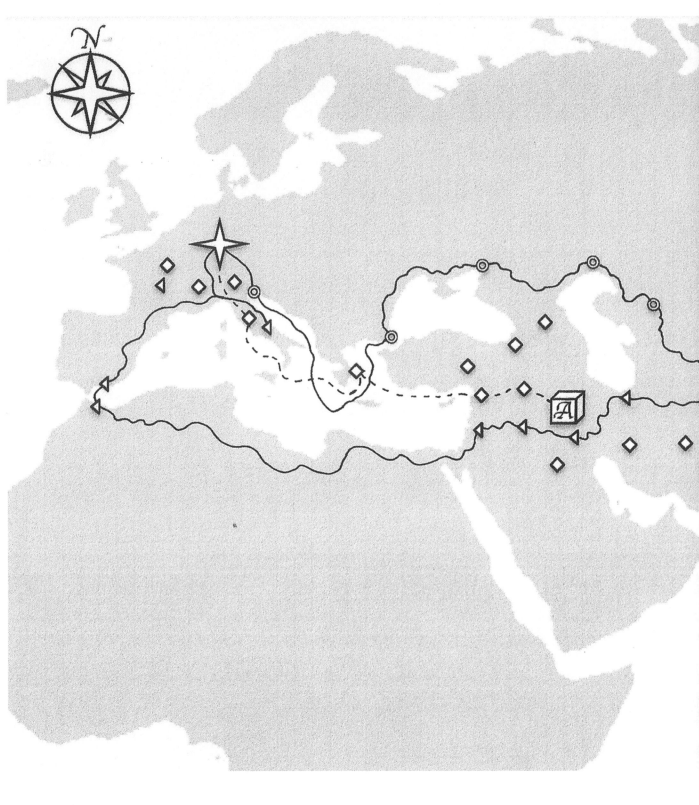

 Imprensa - Mainz - Alemanha

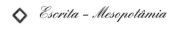 Escrita - Mesopotâmia

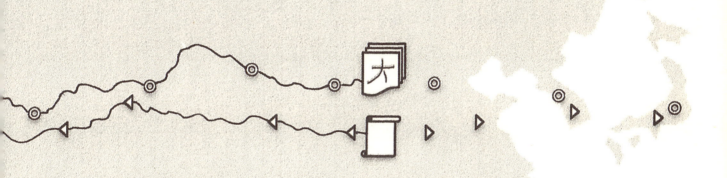

◁ *Papel – China*   ◎ *Xilogravura – China*

CRONOLOGIA BÁSICA
DAS 4 PEQUENAS HISTÓRIAS

3300 a.C. – Surge a escrita, criada pelos sumérios na Mesopotâmia

3100 a.C. – Escrita cuneiforme é utilizada na região da Mesopotâmia

3100 a.C. – Hieróglifos utilizados no Egito

1792/1750 a.C. – Hamurabi, rei da Babilônia, publica seu código de leis

1400/1200 a.C. – Inscrições divinatórias em ideogramas surgem na China

1000 a.C. – Fenícios criam o alfabeto

850/730 a.C. – Alfabeto grego é adaptado a partir do alfabeto fenício

775/200 a.C. – Alfabeto grego entra na Itália através dos etruscos

653/ 600 a.C. – Romanos desenvolvem o alfabeto latino a partir do grego/etrusco

105 – O papel é criado na China

670 – Monges budistas criam a xilogravura na China

751 – Batalha em Samarkanda, onde árabes capturam a fabricação do papel

789 – Carlos Magno promove a restauração dos livros, surge a escrita carolíngia

1100 – O papel chega a Xátivia na Espanha levado pelos mouros

1200 – A gravura chega a Europa pela Rota da Seda

1200/1250 – A letra gótica é difundida entre os escribas copistas

1276 – A fabricação do papel chega a Fabriano, na Itália

1390 – Começa a fabricação de papel na Alemanha

1455 – A Bíblia de Gutenberg estava pronta

Prefácio

Muitos, entre os que me leem, também leram **O Nome da Rosa**, romance de mistério do pensador contemporâneo multifacetado Umberto Eco – que rodou o mundo na sua bela versão para o cinema, de 1986.

Ostensivamente, a trama – que inclui assassinatos misteriosos e ação detetivesca em um mosteiro medieval – passa a mensagem de que a palavra escrita (e as imagens), laboriosamente copiada e inscrita, uma a uma, em códices de pergaminho guardados sob chaves, na Europa, pela Igreja Católica, continha todo o conhecimento humano, transmitido através do tempo e das gerações. Subjacentes, estão as ideias de que o conhecimento representava poder e que a sua difusão poderia levar a maioria da sociedade da época a perigosas noções de liberdade e de direitos individuais.

Com a perspicácia do profissional e a erudição do professor, Fabio Mestriner criou esta obra histórica de grande atualidade, juntando os elementos escrita – imagem – papel e imprensa, mostrando como o desfecho das "quatro histórias" consubstanciou-se no progresso econômico e numa evolução social e intelectual sem precedentes na longa trajetória do homo sapiens. Por isso, merece elogios e reconhecimento.

Mas voltemos ao livro/filme de Eco e a uma charada que parece ter permanecido não decifrada, ou apenas parcialmente interpretada, no texto da sua novela: a inspiração do autor para atribuir o título *O Nome da Rosa*.

Parte dela está, naturalmente, em Shakespeare:

"What's in a name? That which we call a rose. By any other name would smell as sweet."

Passando pela escritora Americana Gertrud Stein, que não negava sua leitura do bardo, e escreveu – no seu poema de 1913, *Sacred Emily*:

"Rose is a rose is a rose / Loveliness extreme / (...) / Pages ages page ages page ages"

Interrogada sobre o que queria dizer, respondeu, significativamente:

"Nos tempos de Homero, ou mesmo de Chaucer, o poeta podia usar o nome de um objeto e o objeto se tornava real."

Eco "entrega" a chave do seu enigma, ao citar, na última frase do seu livro, um poema de Bernardo Moliacense, monge beneditino do Século XII (que, naturalmente, a escreveu em pergaminho):

Stat rosa pristina nomine, nomina nuda tenemus (*a rosa primeira permanece no nome, nada temos além dos nomes*)

Curiosamente, contudo, a frase original não se refere a rosas, mas a Roma:

Stat Roma pristina nomine, nomina nuda tenemus (*De contemptu mundi*, lib. 1, v. 952).

Eco escreveu uma sequência ao seu livro – pós-escrito a *O Nome da Rosa* – e deixou-me à vontade para mergulhar nas minhas próprias conclusões sobre o texto, escrevendo: – *O autor deveria morrer depois de escrever. Para não perturbar o caminho do texto.*

Não quero, contudo, correr o risco de produzir um prefácio que concorra com o excelente texto do autor, em termos de extensão, e apresso-me a apresentar as conclusões.

A privilegiada leitura das provas do livro de Fabio Mestriner levou-me a constatação de que o autor contribui significativamente para a história da comunicação humana, que – no meu modo de ver – se confunde com a própria história da humanidade. Como na arqueológica metáfora de Adão e Eva, o ser humano apropriou-se da sua realidade externa – digamos, a natureza – através da sua capacidade (ou dom) de nomear as coisas. Ao chamar a rosa de rosa (ou de rose), o ser humano desvinculou a essência do ser da sua presença física. Ainda que Mestriner me tenha provocado com a pergunta impossível de ser respondida: - *Qual foi a primeira manifestação da comunicação humana: a palavra ou o desenho?* – prefiro fugir da armadilha e propor que palavra e imagem formaram o arcabouço de um pensamento lógico, que resultou na nossa existência como seres humanos, para pior ou para melhor.

Talvez estejamos, hoje, no limiar de uma segunda grande revolução – em que a escrita, a ilustração, o papel e a imprensa se destituam totalmente de utilidade e o mundo das ideias venha a ser transportado por veículos (ou "suportes") nunca dantes navegados.

Quando isso acontecer, espero que um novo Fabio Mestriner junte as peças do quebra-cabeças para explicar a continuidade de uma evolução que não apenas nos torne mais "ricos", mas que conduza a mais criatividade, mais alegria e maiores esperanças para a humanidade.

J. Roberto Whitaker Penteado
Diretor-presidente da ESPM

Sumário

Cronologia Básica das 4 Pequenas Histórias 12

Prefácio 13

Apresentação 17

4 Pequenas Histórias que Juntas Mudaram o Mundo

Introdução 19

Pequena História da Escrita

Introdução 25

A intenção e o gesto 27

Pequena História da Escrita

Decifrando a história da história 32

A primeira das profissões de caráter intelectual 50

Com o alfabeto, a escrita fonética passa a reproduzir a voz humana 57

A escrita de um outro mundo 65

Pequena História do Papel

Introdução 72

Pequena História da Gravura

Introdução 92

Pequena História da Imprensa

Introdução 106

A contribuição de Gutenberg na fusão das 4 pequenas histórias 114

Queima de livros e Genocídio Cultural 120

Livros Veneráveis e Livros Memoráveis 123

Epílogo

Com a escrita, a civilização dá o primeiro passo de sua longa caminhada 131

Bibliografia 133

Crédito das imagens 137

Sobre o autor 139

Agradecimentos 141

Apresentação

Prezado leitor,

sta obra foi elaborada com o objetivo de contar uma história dividida em quatro partes. A história da *Escrita*, do *Papel*, da *Gravura* e da *Imprensa* e mostrar o caminho que elas fizeram de seu local de origem até chegarem a sua completa fusão no século XV com a consolidação da imprensa e o surgimento dos primeiros livros impressos, pois a partir do momento em que estas 4 histórias se fundiram, a difusão do conhecimento através do papel impresso ganhou asas e a civilização passou a avançar numa velocidade sem precedentes, progredindo desde então num ritmo muito maior do que havia progredido nos cinco mil anos anteriores.

Segundo definição da UNESCO, "o livro é uma publicação não periódica que consta de no mínimo 49 páginas, sem contar as capas".

Mas está claro que o livro é muito mais que isso, ele se constitui numa das mais importantes e revolucionárias criações do homem, principalmente se levarmos em conta o impacto que teve nas transformações sociais, muitas delas ocorridas por causa do livro ou por ele desencadeadas.

Produzir e guardar documentos escritos é uma prática adotada desde o estabelecimento das primeiras civilizações, procedimento este que está ligado de forma definitiva à evolução da sociedade humana.

Os chineses antigos têm um ditado que ilustra com muita precisão este procedimento e que nos diz: *"A pior tinta ainda é melhor que a memória mais afiada"*, afirmavam eles em sua milenar sabedoria.

O professor e linguista francês Georges Jean definiu da seguinte forma este conceito como *"A Escrita, Memória dos homens"*, título de um de seus livros; um dos livros, aliás, que inspiraram esta obra.

A grande qualidade e a importância maior do registro escrito e a razão pela qual ele acaba sempre influenciando tanto a sociedade residem na seleção escrupulosa que se faz naturalmente de tudo aquilo que deve ou merece ser registrado. Desde o princípio da história escrita, surgida na Mesopotâmia por volta de 3300 a.C., até a consolidação da imprensa em 1455 na Alemanha, escrever e gravar sempre constituiu uma tarefa árdua e dispendiosa que não podia ser empreendida em coisas de menor importância e que não fizessem jus ou não merecessem realmente ser registradas. Além disso, preservar aquilo que foi escrito também demandava recursos e cuidados, razão pela qual, a maior parte do que nos restou dos escritos do passado só foi preservada devido a importância do que continha, ou daquilo que fez seu conteúdo merecer os cuidados que lhe foram dispensados.

Assim, esta seleção acabou por garantir que apenas as informações e o conhecimento relevante merecessem registro e fossem conservados.

Por causa disso, coleções de obras importantes para a história e a cultura dos povos antigos foram reunidas em bibliotecas como a que existiu em Alexandria, no Egito, considerada a maior de seu tempo e que, infelizmente, foi incendiada no ano 48 a.C. durante a invasão perpetrada pelas legiões de Julio Cesar quando estas arrasaram a cidade.

Além da seleção proporcionada pela própria dificuldade em se produzir o registro, também a qualidade e interesse despertado por seu conteúdo foram responsáveis pela sobrevivência dos escritos e obras antigas que conseguiram milagrosamente atravessar as guerras e as catástrofes, escapar das fogueiras da intolerância e, enfrentando todo tipo de dificuldade, alcançar o porto seguro do livro impresso protegido e guardado nas bibliotecas do mundo civilizado.

O livro que você tem em mãos, caro leitor, é a culminância deste processo e constitui a plataforma por onde transitou a parte mais significativa do conhecimento adquirido e acumulado pela humanidade.

Este não é apenas um livro de histórias, mas pretende ser um tributo à cultura do conhecimento, pois na gênese da civilização encontramos no surgimento da escrita e na sua fusão com os três outros componentes que a complementam, cujas trajetórias foram aqui reunidas nestas quatro pequenas histórias, o embrião da grande revolução cultural que transformou nossas vidas.

São 4 pequenas histórias que juntas mudaram o mundo.

4 Pequenas Histórias que Juntas Mudaram o Mundo

INTRODUÇÃO

"História Verídica e descrição de uma terra de selvagens, nus e cruéis comedores de seres humanos, situada no Novo Mundo na América, desconhecida antes e depois de Jesus Cristo nas terras de Hessen até os dois últimos anos, visto que Hans Staden, de Homberg, em Hessen, a conheceu por experiência própria, e que agora traz a público com esta impressão."

Estas eram as impressionantes palavras impressas na capa de um livro publicado em 1557 na cidade de Marburgo, então um dos prósperos centros de publicação de livros surgidos na Alemanha logo após a consolidação por Johannes Gutenberg de um processo de impressão que utilizava tipos metálicos móveis e uma prensa de torção, que se tornou conhecido como "imprensa".

O choque entre civilização e barbárie expresso nesta estarrecedora história verídica vivida pelo personagem que a narrou transformou este livro num *best-seller* instantâneo, tamanho o impacto causado pelo que anunciava sua capa sensacionalista, e também por conter mais de 50 xilogravuras que o ilustravam, mostrando índias nuas e selvagens comendo seres humanos, imagens de grande impacto para as pessoas puritanas daquela época.

A "civilização" onde viviam os primeiros leitores do livro de Hans Staden era o resultado da acumulação, ao longo de milênios, de um conjunto de conhecimentos abrangendo temas como ciência, filosofia, arte, cultura, religião, política, saber jurídico e militar que culminaram no estabelecimento de uma organização social que se sentia horrorizada com a simples ideia da existência na face da terra de selvagens nus que comiam carne humana.

Esta "civilização" havia se tornado possível graças a existência de uma plataforma sobre a qual transitou todo o conhecimento que a humanidade foi capaz de produzir e acumular. Um fluxo contínuo de conhecimento constituído pela sabedoria dos grandes vultos da história, pelos relatos das ações dos homens que se destacaram por seus feitos e pelas experiências e vivências de pessoas comuns como o marinheiro Hans Staden, o comerciante Marco Polo e outros intrépidos viajantes como Charles Darwin que chegaram até

Capa do livro de Hans Staden publicado em Marburgo, na Alemanha

Primeiros relatos sobre os habitantes do Brasil

Hans Staden, marinheiro alemão que narrou as duas viagens que fez ao Brasil, a primeira delas a Pernambuco em 1459.

Na segunda viagem, foi capturado em Bertioga, litoral de São Paulo, pelos índios Tupinambás e permaneceu entre eles durante nove meses, sempre sob ameaça de ser devorado num ritual de canibalismo.

Resgatado pelos franceses, chega a Honfleur, na França, em 1555 e de lá consegue voltar a Marburgo onde seu relato foi publicado em livro no ano de 1557.

Esta obra tem grande valor histórico por apresentar uma descrição detalhada sobre os primeiros habitantes do Brasil.

Além do conteúdo impressionante, a combinação de texto e gravura é um ponto forte deste livro.

Assando carne humana

Imagens que assombraram a Europa do século XVI

Nesta xilogravura, os índios Tupinambás assam pedaços de seus inimigos. Uma imagem surpreendente e escandalosa para uma Alemanha do século XVI, onde o moralismo e fervor religioso estavam exacerbados.

Indígenas comendo carne humana e mulheres nuas. Tudo num livro só!

Na imagem abaixo, os Tupinambás hostilizam o prisioneiro momentos antes da imagem acima.

nós por seus relatos escritos, gravados e impressos das mais diferentes formas, onde o livro representa a culminância deste processo e o grande repositório do conhecimento sobre o que os homens pensaram, fizeram e conseguiram.

Quando Charles Darwin (1809-1882), depois de viajar o mundo no HSM Beagle, apresentou em 24 de novembro de 1859 seu livro contendo o estudo sobre a origem das espécies, nele vinha escrito uma apresentação intitulada: *"Notícia Histórica"*, onde estava alinhada a sequência cronológica em que foram apresentadas as ideias de seus predecessores no estudo deste mesmo tema. Ela cita 34 autores que admitiram antes dele que as espécies sofriam modificações e evoluíam (evolucionismo) e contestavam de certa forma os atos isolados da criação (criacionismo), onde tudo surgia pronto graças à ação divina.

Este procedimento demonstra de forma clara que Darwin era verdadeiramente fiel ao conceito em que havia trabalhado por quase 30 anos e, mais que isso, demonstra sua irretocável honestidade intelectual, pois além de atribuir os créditos, apresentar um a um os trabalhos de seus antecessores, faz comentários sobre eles, avalia as proposições que fizeram e as conclusões a que chegaram, demonstrando que os leu e estudou. Presta também nesta introdução do seu livro uma homenagem a estes estudiosos cujo trabalho o inspiraram e serviram de referência em sua jornada.

A "Notícia Histórica" de Darwin afirma a essência de sua concepção de que a forma como a natureza funciona para produzir a diversidade da vida na terra e a maneira como o homem opera para gerar novas ideias e evoluir os conhecimentos acumulados por seus antecessores é, no fundo, a mesma.

A evolução, segundo Darwin, é acima de tudo um processo de acumulação progressiva de melhorias, selecionadas por sua melhor adaptação ao meio em que ocorrem e as mudanças que este meio venha a sofrer.

Esse processo ocorre também com as ideias, os pensamentos e o conhecimento, que são na verdade expressões de uma época e resultado daquilo que foi acumulado ao longo tempo, mas que também só se tornaram possíveis graças a um ambiente que possibilitava sua existência e favorecia seu desenvolvimento e sua difusão.

Ao descrever o mecanismo através do qual a natureza promove a evolução das espécies, Charles Darwin descreveu também a forma como a sociedade humana e a civilização evoluíram dominando o conhecimento, multiplicando-o, adaptando-o às circunstâncias, transmitindo-o às sucessivas gerações e promovendo aqueles que tiveram o mérito de saber aproveitá-lo melhor.

O conceito de "evolução" se tornou um marco na transformação do mundo em que vivemos, pois criou uma nova maneira de pensar que iluminou a caminhada de muitos estudiosos e pensadores que passaram, a partir deste conceito, a abrir novos horizontes para o saber e o conhecimento sobre o próprio homem e o mundo em que ele vive.

Poucos livros tiveram um impacto tão grande quanto "A Origem das Espécies" ou tanta influência no pensamento acadêmico e científico. Esta obra até hoje causa polêmica, mas seu conteúdo, o tempo e o avanço da ciência, sobretudo o conhecimento do DNA e do genoma, só fizeram confirmar e fortalecer.

Quando lemos o relato que descreve como Darwin trabalhou na construção de sua teoria, percebemos que ele anotava obsessivamente tudo que observava, pensava, ou achava que poderia de alguma forma contribuir com a teoria que estava elaborando. Um grande número de cadernos com suas anotações pessoais e as incontáveis notas que deixou nos livros de sua biblioteca nos revela o percurso seguido por ele e traça um roteiro pormenorizado de seu método de trabalho, em que a leitura e a escrita desempenharam um papel preponderante. Os livros, a escrita e o escrever foram decisivos para que Darwin enfrentasse com suas ideias o pensamento dominante em sua época.

Charles Darwin foi essencialmente um homem de livros, que lia obsessivamente e que escreveu ele próprio mais de uma dezena deles.

O conhecimento registrado nos livros tem sido desde a antiguidade um instrumento valioso para a evolução e o progresso da civilização, pois coloca ao alcance dos interessados as descobertas e o saber conseguidos pelos que os precederam, gerando um processo de acumulação cujos resultados são sempre de soma de experiências, ampliação de horizontes e visão mais abrangente.

O livro desempenhou até agora um papel decisivo na evolução do pensamento humano e sua contribuição não pode ser igualada, pois todos os grandes avanços e conquistas da humanidade estão neles registrados e foram por eles

O Brigue HSM Beagle na Austrália em 1841

A volta ao mundo do naturalista Charles Darwin

Charles Darwin, naturalista britânico, viajou ao redor do mundo no HSM Beagle entre 1831 e 1836 e esta viagem foi fundamental para a elaboração de sua teoria sobre a "origem das espécies", obra publicada em 1859 e que foi precedida pelo livro "Viagem de um Naturalista ao redor do mundo", onde Darwin nos apresenta os diários desta memorável viagem.

O processo de registro de ideias e informações, seja na forma de diários ou cadernos de notas, constitui o método de trabalho mais utilizado pelos estudiosos. Darwin deixou uma infinidade de anotações em cadernos e livros de notas.

Retrato de Charles Darwin em 1830

A "Evolução", um conceito poderoso que o tempo confirmou

O tempo confirma aquilo que é verdadeiro. A teoria da evolução, elaborada por Charles Darwin (1809-1882), descreve não só o processo pelo qual as espécies evoluem na natureza, mas estabelece um "conceito" que nos permite compreender como as ideias e as invenções também são resultado de um processo de evolução.

influenciados. Os grandes saltos que foram dados na marcha da civilização são contados nos livros, é através deles que conhecemos os heróis e seus feitos, os personagens e suas histórias, os acontecimentos e suas consequências e quase tudo o que sabemos sobre o que antes era desconhecido.

Segundo a teoria da evolução, o que hoje chamamos de livro é o resultado de um longo processo que se iniciou na aurora da civilização com os primeiros registros escritos deixados pelos sumérios com seus símbolos "cuneiformes".

Percorrendo desde então um longo caminho, onde pequenas conquistas permitiram novos avanços cumulativos que resultaram no objeto que você, leitor, tem agora em suas mãos.

Esta obra pretende, de forma bastante singela, refazer esta jornada e trilhar o caminho por onde passou grande parte do conhecimento da humanidade mostrando como as 4 pequenas histórias aqui narradas se somaram para constituir esta grande conquista, cujo resultado mudou para sempre o mundo em que vivemos e a forma como o enxergamos. Não seremos abrangentes demais nem específicos nos detalhes porque já existem livros dedicados especificamente a história de cada um dos temas aqui abordados, o que realmente nos interessa é traçar a rota da evolução que fez com que se fundissem na prensa de Gutenberg, na cidadezinha de Mainz, em 1455, a escrita criada pelos sumérios, o papel e a gravura criados pelos chineses e a imprensa que os reuniu.

Estas 4 histórias estão tão interligadas que seu resultado final só pôde ser alcançado devido a contribuição de cada uma delas e jamais seria alcançado se elas não se juntassem.

Seguindo os passos do grande naturalista que soube juntar a suas observações e estudos pessoais o conhecimento elaborado por seus antecessores, reunimos fragmentos dispersos em muitos livros, artigos e informações preciosas obtidas de diversas fontes para mostrar como as grandes invenções são, na verdade, a consolidação de um processo evolutivo para o qual muito do que foi produzido pelas gerações anteriores acabou contribuindo. O conhecimento em nossa visão é, portanto, um processo impregnado de tudo o que o homem teve acesso, é muito menos a geração de uma ideia espontânea, por mais genial e significativa que possa ser, e muito mais o processo de juntar os avanços cumulativos que a tornaram possível.

As ideias evoluem e são fruto da soma de conhecimento, o conhecimento se propaga e os homens se apropriam dele para gerar novas ideias e mais conhecimento em sua incansável jornada para o progresso.

Como dissemos, não pretendemos contar a história completa e detalhada destas quatro conquistas da humanidade, mas apenas traçar um painel evolutivo com breves histórias da escrita, do papel, da gravura e da imprensa, mostrando como elas se juntaram ao longo do tempo e o percurso que fizeram até a prensa de Gutenberg na Alemanha para constituir a plataforma de acumulação e difusão do conhecimento que acelerou desde então o processo civilizatório. *São 4 pequenas histórias que juntas mudaram o mundo.*

Agendas, livros e cadernos de notas do autor

"A tinta mais fraca é mais forte que a memória mais afiada."

Este antigo provérbio Chinês nos mostra porque as anotações e registros servem de mapa e roteiro para escritores, pesquisadores, cientistas e para as pessoas comuns que um dia escreveram um diário para relembrar os acontecimentos de suas vidas.

Muitos vultos históricos que hoje conhecemos só vieram fazer parte dela porque escreveram ou deixaram anotações que acabaram publicadas.

Pequena História da Escrita

INTRODUÇÃO

Existem muitas histórias sobre a história da escrita. Para compor o conteúdo deste livro, uma biblioteca de referências foi montada com livros provenientes de várias partes do mundo. Seus autores abordaram o tema de diversas formas e criaram um rico painel com informações preciosas que foram utilizadas neste trabalho. Somos gratos a todos os que se dedicaram a contar esta história antes de nós e nosso objetivo não é outro que o de contribuir com uma nova abordagem, que considera a escrita não como um tema isolado em si, mas como componente de algo que chamaremos de *"plataforma do conhecimento"*, ou a rota por onde transitou grande parte do conhecimento acumulado pela humanidade desde o surgimento da civilização.

Nossa história vai dos sumérios da Mesopotâmia até a prensa de Gutenberg na Alemanha, no início do período renascentista, onde ocorreu a fusão definitiva da escrita com o papel, a gravura e a imprensa, dando início a uma nova era do conhecimento.

Interessa-nos descobrir como a escrita chegou até esta prensa e com quem ela se juntou no caminho para tornar possível aquela que é amplamente aceita como a invenção que propiciou um dos mais importantes passos dados pela humanidade na ampliação de seus horizontes intelectuais e culturais.

Nada contribuiu tanto para o progresso da humanidade como a difusão do conhecimento proporcionada pela imprensa, pois com seu advento, a processo civilizatório deu um salto, ganhou velocidade e transformou o mundo.

Com a escrita, as ideias ganharam asas e, em seu voo deslumbrante, o conhecimento se espalhou por todos os cantos da terra fazendo com que cada homem, mulher ou

Petróglifos, os primeiros registros deixados pelo homem

Os Petróglifos são considerados as primeiras manifestações gráficas do homo sapiens e surgiram na África há mais de 200 mil anos. Estão gravados nas pedras e paredes rochosas do continente ancestral da nossa espécie, mostrando que ali estiveram homens primitivos, ainda no início de sua caminhada, mas já desejando deixar gravada a marca de sua presença. São os desenhos do jardim da infância da humanidade.

Cavalo da gruta de Lascaux, na França; bisões e javali em Altamira, na Espanha

 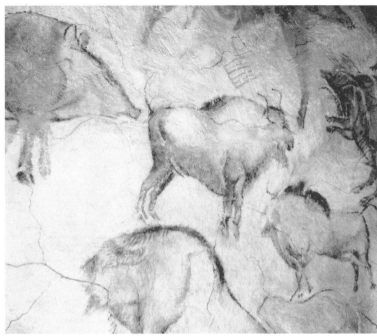

Os estudiosos afirmam que os bisões, cavalos e antílopes e outros animais que aparecem nestas imagens pertenceriam a antigos rituais de caça. Os homens das cavernas acreditavam que estas imagens votivas atribuíam poder aos caçadores e os ajudavam a combinar os objetivos de suas ações, enquanto os animais pastavam distraídos.

criança que soubesse ler pudessem contemplar um universo muito maior do que aquele em que vivia. Um universo que se estendia no tempo e no espaço tornando perto o que estava distante, trazendo ao presente o passado remoto e criando um futuro que ainda não existia.

A palavra impressa, principalmente na forma de livro, é o objeto de nosso interesse. Vamos contar como a escrita, o papel, a gravura e a imprensa caminharam para se fundir na prensa de Gutenberg, onde constituíram a plataforma que sustentou, desde então, a maior parte do conhecimento produzido, acumulado e difundido pelo homem em sua incansável jornada para o progresso.

São quatro pequenas histórias que, quando se fundiram, mudaram para sempre o mundo em que vivemos.

A intenção e o gesto

Dos primeiros riscos feitos nas pedras da África, há 200 mil anos, até a placa enviada ao espaço pela NASA na Pioneer 10, a odisseia expressiva do Homo Sapiens *é uma só e a mesma.*

Embora possa haver dúvidas e diferentes interpretações sobre suas intenções, o gesto está lá, gravado na pedra do tempo como registro indelével de que ali estiveram homens. Ainda que primitivos e no início de sua jornada, eles existiram e deixaram as toscas marcas que os incluíram na história da humanidade. Os Petróglifos, sinais ou figuras singelas gravadas na rocha, são considerados as primeiras expressões deixadas pelo homem pré-histórico. Algumas destas marcas são imagens reconhecíveis, é possível perceber homens e alguns de seus objetos, animais, o sol, a lua, as estrelas... enquanto outros são sinais abstratos, cujo significado permanece um mistério.

Misteriosa é também a intenção destes gestos iniciais, que podem ser apenas livre expressão sem outras intenções que não o desejo lúdico de arranhar e riscar a rocha nua ou uma necessidade latente de comunicação, uma vez que a restrição da fala assim o exigia, ou ainda apenas uma forma de deixar um registro de sua presença, alguma marca nos territórios que habitaram. Como a dizer: "Nos existimos, estamos aqui e este é o nosso território".

O fato é que desde que se tornou a espécie denominada *"homo sapiens"*, o homem nunca deixou de gravar, desenhar, marcar ou pintar os lugares por onde andou, deixando um rastro de sua presença pré-histórica por todos os continentes. A partir do gesto inicial espontâneo, seus registros foram se tornando cada vez mais nítidos, intencionais, conscientes, reconhecíveis e objeto de contínuo aperfeiçoamento. Dos petróglifos às pinturas rupestres, uma verdadeira odisseia visual foi empreendida por nossos ancestrais, transformando-se ao longo do tempo em imagens de grande qualidade expressiva, que puderam então ser compartilhadas com indivíduos de tribos distantes e até mesmo com aqueles

Uma jornada com mais de 200 mil anos

O Homo Sapiens *surgiu na África, foi lá que deixou as primeiras marcas de sua presença e desde então veio deixando inscrições por onde passou.*

A marcha da civilização e suas marcas

Por todo o mundo antigo, marcas e imagens deixadas por muitos povos mostram a presença e a passagem do homem em seu movimento de expansão pela Terra.

Em toda parte, são encontrados registros que nos permitem perceber como as diversas civilizações trataram de registrar suas ações e as formas que encontraram para fazer isso.

que viveram em outras épocas, pois imagens figurativas são reconhecíveis por qualquer ser humano de qualquer época ou lugar. Mesmo uma criança muito pequena consegue reconhecer a imagem de uma vaca, não importa se em fotografia colorida, desenho animado, imagem em movimento na TV, caricatura, ícone ou símbolo esquemático. A imagem ou desenho de uma vaca sempre se reportará ao animal o qual representa e será reconhecido pelos seres humanos.

Estudiosos das imagens com cenas das caçadas e dos animais pintados em cavernas como Pech-Merle, Lascaux e Altamira, datando entre 25 e 15 mil anos atrás, concluíram que elas possivelmente serviram como imagens votivas em rituais de caça, pois seus autores acreditavam que estas imagens lhes davam poder sobre os animais ali representados, o que de fato acabava surtindo algum efeito na medida em que aqueles animais viviam alheios às combinações e aos preparativos feitos pelos caçadores diante de suas imagens pintadas nas paredes de suas cavernas.

Estas imagens, sem dúvida, desempenharam um papel importante na vida das pessoas que habitaram estas cavernas e as ajudaram a garantir sua unidade de ação na caça e, consequentemente, sua sobrevivência como tribo primitiva uma vez que o homem não tinha força nem velocidade para sub-julgar os grandes animais que caçava.

A evolução da espécie humana e de sua capacidade de expressão está amplamente registrada e mostra o caminho percorrido num longo processo, em que pequenas conquistas técnicas e expressivas foram se somando para resultar no exuberante painel das imagens que contemplamos hoje, deixadas por todos os homens de todas as épocas em todos os cantos da Terra.

A necessidade de riscar, gravar, desenhar, pintar e registrar foi mudando, assim como suas intenções originais, mas quando em 1972 a NASA enviou ao espaço a nave Pioneer 10, nela foi incluída uma placa de alumínio anodizado em ouro criada pelo astrônomo Carl Sagan que tinha como objetivo levar imagens e informações que registravam nossa existência perante alguma forma de vida inteligente que por ventura a encontrasse naquela nave espacial. Este gesto e sua intenção guardam forte semelhança com o que foi feito nas pedras africanas por nossos primeiros ancestrais, afinal, deixar registros para serem encontrados e compreendidos por outros seres inteligentes pode ser uma das mais importantes ligações mantidas pelos homens como um legado de sua passagem pelo planeta e uma marca registrada de sua espécie. Podemos afirmar com base nestes registros que *"o homem é um animal que desenha"*, pois a capacidade de desenhar é uma das principais habilidades que nos tornou diferentes dos animais que viviam ao nosso redor no primeiro momento de nossa existência como *homo sapiens*.

As marcas na rocha, os petróglifos e a placa da NASA estão unidas por sua intenção e fazem parte de uma mesma história, mostram o mesmo desejo de comunicar nossa existência. Elas nos contam como o homem encontrou formas de deixar rastros de sua presença que pudessem ser contemplados e compreendidos por outros homens, e até mesmo como acreditaram os cientistas da NASA que enviaram a placa ao espaço, por seres de outros planetas. Estes rastros formaram uma trilha percorrida por gerações que foram, num processo de aperfeiçoamento contínuo dos desenhos, das imagens e formas de expressão, contribuindo para que suas mensagens fossem cada vez mais bem compreendidas.

Uma mensagem dirigida aos extra-terrestres

A famosa placa criada pelo astrônomo Carl Sagan e enviada ao espaço em 1972 a bordo da nave Pioneer 10. Dos primeiros petróglifos à placa da NASA, a intenção e o gesto unem os homens no mesmo propósito de afirmar que existiram e deixaram a marca de sua presença.

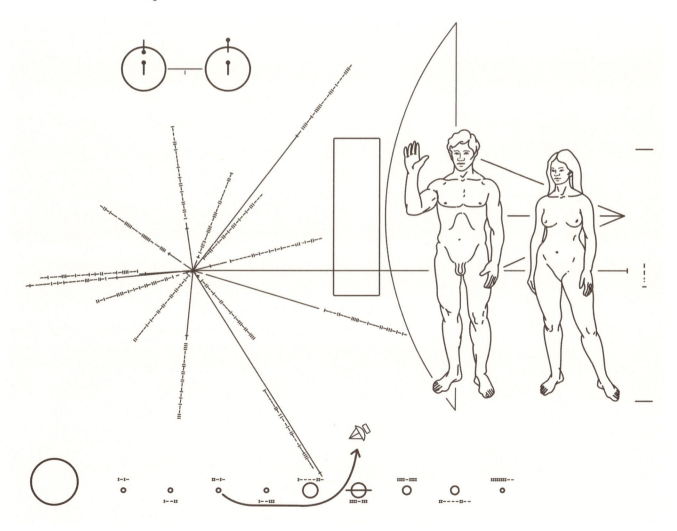

A necessidade de registro levou a criação de uma escrita rudimentar

Esta humilde placa de argila gravada com inscrições em cuneiforme representou na história da humanidade uma mudança extraordinária, ela é baliza que marca a separação entre a pré-história e a história.

A escrita é a culminância deste processo e sua criação marca uma baliza definitiva no tempo por separar a existência humana em duas eras distintas, a história (período posterior ao surgimento da escrita) e a pré-história (período anterior ao surgimento da escrita), pois foi ela que fez com que o homem pudesse transmitir de forma clara e compreensível seu legado para as sucessivas gerações e tornou este legado efetivo, evitando que ele se desvirtuasse pela transmissão oral que vai sendo alterada de um locutor para outro ou desaparecesse com a perda das pessoas que o conduziam.

A palavra oral desaparecia no espaço no momento em que era proferida e só com o início das gravações no fonógrafo criado por Thomas Edson em 1877 é que ela pode enfim ser preservada. Já a palavra escrita podia preservar a informação ou conhecimento arduamente adquirido por tempo indeterminado e podia ser compartilhada por pessoas de todas as partes e pelas gerações seguintes.

A prova disto está na existência de alguns textos antigos que permaneceram e resistiram a passagem dos séculos e que hoje podemos contemplar em livros guardados nas bibliotecas, eles foram preservados graças a acontecimentos que podem ser considerados milagrosos, tamanho os perigos e ameaças que poderiam ter causado seu desaparecimento.

A escrita tornou-se, assim, a memória da humanidade, e desde sua criação, a maior parte do que o homem criou de importante, fez acontecer ou imaginou, está de alguma forma registrado e boa parte disso conseguiu ser preservado.

A história da escrita mostra-nos o caminho trilhado pelo homem na sua marcha para a civilização, pois ela constituiu ao mesmo tempo a plataforma que sustentou e a trilha por onde passou o conhecimento gerado. A intenção e o gesto estiveram sempre unidos nesta trajetória e esta é a primeira das quatro pequenas histórias que juntas mudaram o mundo e que agora vamos contar.

I. PEQUENA HISTÓRIA DA ESCRITA

PEQUENA HISTÓRIA DA ESCRITA

Decifrando a história da história

Para registrar sua história, o homem criou a escrita e a escrita deixou gravados os rastros para que sua própria história pudesse ser resgatada

A Religião e a gênese palavra escrita

"Assim falou Zarathustra"
O Zoroastrismo, religião dos antigos persas, é considerada a primeira religião monoteísta e desempenhou importante papel na decifração da primeira escrita. Seu livro sagrado, o Avesta, escrito no idioma avestá, ajudou na decifração da escrita cuneiforme. A religião foi a primeira a perceber que a palavra escrita tem mais força que a palavra falada.

Quase todo o conhecimento que se tem sobre a escrita e sua história foi obtido por exploradores intrépidos e estudiosos incansáveis que se debruçaram sobre os vestígios de antigas civilizações na busca de seus segredos. Muito do que sabemos sobre algumas destas civilizações desaparecidas na poeira do tempo se deve aos escritos que elas deixaram e que puderam ser lidos graças ao trabalho dedicado destes pesquisadores.

As escrituras deixadas na rocha nua, em pedras gravadas, nos monumentos, na cerâmica, no papiro, no papel e em placas de metal são tesouros arqueológicos de grande valor e foram o objeto central das pesquisas que resultaram no conhecimento que temos hoje, pois foram os próprios escritos a principal fonte de informação utilizada neste processo. Podemos dizer que a escrita deixou, ela própria, os rastros para seu descobrimento e posterior deciframento.

Alguns heróis escreveram seu nome na história encontrando e decifrando estas escrituras, outros contribuíram de muitas formas, apesar de não levarem os louros, porque, como nos ensinou Charles Darwin em sua "Notícia Histórica", uma grande descoberta quase sempre é o resultado do trabalho de todos os que se dedicaram a ela até o momento em que ela se concretiza.

A "Pedra de Roseta", encontrada no Egito pelo exército de Napoleão Bonaparte, representa aquela que é provavelmente a mais importante escritura descoberta até hoje e pode ser considerada a inscrição mais famosa do mundo.

Sua descoberta e a consequente decifração dos *hieróglifos*, a escrita dos antigos egípcios, são considerados eventos memoráveis da história da escrita, mas outra descoberta e decifração ainda mais importante para compor o grande painel que foi se formando a partir do início do século XVIII quando o estudo da escrita ganhou força na Europa foi a descoberta e a decifração do *cuneiforme*, a primeira forma de escrita realmente digna deste nome.

Para contar a história da escrita, é preciso contar a história das descobertas que tornaram esta história possível, pois o alfabeto que utilizamos para ler estas palavras é fruto da evolução da linguagem escrita, desde seus primórdios até as fontes digitais utilizadas nesta impressão.

Depois de mais de 5000 anos de evolução, podemos ler este texto com grande facilidade, mas nem sempre foi assim...

Como surgiu a escrita e como ela chegou até nossos dias, na forma em que se encontra? A resposta a esta pergunta mobilizou algumas das melhores mentes humanas em diversas épocas e lugares e constitui uma verdadeira odisseia que precisamos reverenciar quando se compreende o que eles descobriram e realizaram.

A descoberta, a decifração e o estudo das antigas escrituras de povos desaparecidos há milhares de anos constituíram uma árdua tarefa empreendida por estudiosos e pesquisadores, que além de desvendar os códigos representados por sinais abstratos, cujo sentido havia se perdido no tempo, precisavam também conhecer a língua em que eles estavam escritos para assim poder interpretá-los.

Compreender o sumério, o babilônio, o persa antigo, o vedan e o sânscrito, além do grego e do latim, era requisito fundamental para obter êxito neste trabalho desafiador que, em vez de apavorar e desestimular estes estudiosos, os estimulou a prosseguir passo a passo, vencendo os infindáveis obstáculos que iam encontrando pelo caminho enquanto avançavam em suas descobertas.

O conhecimento destas línguas antigas, a história de seus reis e imperadores, as religiões que adotavam, a forma como viviam, assim como as descobertas arqueológicas posteriormente revelaram, formaram uma teia de fontes de informação inter-relacionadas, que tornou possível transferir observações e cruzar dados de uma fonte para a outra e assim abrir caminho para novos entendimentos.

A cidade é a mãe da escrita e da civilização

A revolução agrícola gerou as agro-vilas, e estas, as cidades. A vida se tornou complexa e passou a exigir registros. A escrita nasceu na cidade fruto do modo de vida urbano adotado pelo homem. Isso ocorreu na Mesopotâmia, na China na Índia, no Egito e em outros lugares da terra.

A ovelha e o número

Uma ovelha cruza o muro de pedra e vai se juntar as outras que já se encontram no cercado. O homem que fecha o portão escorrega seus dedos para o último dos nós de uma cordinha cheia deles. Ele sente uma sensação de alívio ao saber que todos os seus animais estão protegidos para passar a noite.

Não sabemos se este homem sabe quantos animais ele possui, mas ele precisa ter certeza que todos se encontram em segurança.

Desde o início, a religião desempenhou papel crucial na história da escrita, pois além de desenvolver línguas sagradas como o *Avestan*, na qual está narrado o *Avesta*, livro sagrado do Zoroastrianismo, uma das religiões monoteístas mais antigas criadas pelo homem, na qual se destaca o Deus Azuha Mazda e o "profeta" *Zarathustra*, gerou também o *Sânscrito,* a língua dos *Vedas,* que contém textos seminais do hinduísmo e que ajudaram na decifração de antigas formas de escrita.

Os textos sagrados narrados nestas línguas foram amplamente utilizados no processo de decifração, pois apesar de serem originalmente transmitidos pela tradição oral, estando entre os mais antigos existentes, foram preservados e ganharam posteriormente as versões escritas que chegaram até nós. Religiões como o *Zoroastrianismo* e seu idioma *avestan* desempenharam importante papel no processo de decifração, pois algumas escrituras gravadas nestes idiomas ajudaram os estudiosos a desvendar o código da escrita *cuneiforme,* a escrita primordial concebida pelos homens.

A religião foi importante neste processo por ter na "palavra divina" um de seus fundamentos, e tanto a palavra divina como a doutrina dela derivada precisavam estar gravadas, pois, como perceberam os líderes religiosos, a palavra gravada tem mais força que a oralmente proferida. Os dez mandamentos são um exemplo evidente deste procedimento, pois foram gravados nas *"pedras da lei".* A religião desempenhou, portanto, um papel fundamental tanto nesta como nas três outras pequenas histórias que compõem este livro, conforme veremos a seguir.

A primeira escrita surgiu no barro da mesopotâmia e iluminou por mais de um milênio a história de 15 povos diferentes

O *homo sapiens* pré-histórico, por sua constituição física, não dispunha de força ou velocidade para caçar e levou muito tempo até desenvolver armas e alcançar a inteligência que permitiram a mudança do seu status de coletor para caçador. Como caçador, ele seguia os rebanhos vivendo ao relento e passando por extremas dificuldades, mulheres grávidas e recém-nascidos eram muito sacrificados neste modo de vida, e a população vegetava. Não haviam as condições mínimas necessárias para seu desenvolvimento e o homem vivia no nível da necessidade mais básica, lutando por sua sobrevivência. Esta situação começou a mudar com o início da revolução agrícola, como ocorreu no crescente fértil entre os rios Tigre e Eufrates na Mesopotâmia, há cerca de 9 mil anos. A agricultura e a criação de animais proporcionaram muito mais que alimentação regular e abundante, elas permitiram ao homem fixar-se ao solo e construir suas primeiras habitações. Esta mudança trouxe o progresso para aquelas populações, pois as mulheres puderam então cuidar melhor de seus filhos, abrigá-los e alimentá-los de uma forma que não era possível no modo de vida anterior; em consequência disso, a mortalidade infantil e as doenças diminuíram e a população local prosperou.

Estas condições favoráveis levaram a formação das primeiras agro-vilas e sua transformação progressiva em pequenas cidades, onde a vida ganhou uma nova dimensão.

Com o crescimento das cidades, a vida se tornou mais diversificada e complexa; viver na cidade é bem diferente de viver no campo, onde o alimento é produzido e consumido no mesmo local.

Na cidade, os alimentos precisam chegar em quantidade suficiente para alimentar populações maiores, isso gera a necessidade de abastecimento, de distribuição eficiente dos produtos, formação de estoques, de trocas comerciais e isso tudo leva ao desenvolvimento de atividades especializadas. Com o tempo, profissões vão sendo criadas, novas estruturas sociais se constituem e tomam corpo, exigindo uma administração mais elaborada. As cidades precisam de proteção, formam-se exércitos e uma hierarquia militar dominante acaba por assumir a tarefa de governar.

Algumas vezes, a hierarquia dominante tem origem sacerdotal, como ocorreu na Mesopotâmia, mas o resultado final deste processo é que passa a haver governo. E impérios surgem assim.

Na Mesopotâmia, onde surgiram as primeiras formas de agricultura, a religião era muito importante e a vida urbana girava em torno dos templos. Tributos e donativos passaram então a ser exigidos para manter estas novas estruturas desvinculadas da produção agrícola, gerando a necessidade de maior produção.

Com isso, a criação de rebanhos, a produção das colheitas, a comercialização destes alimentos excedentes

A vida na Mesopotâmia acontecia em torno do templo

Os sacerdotes exerciam o poder espiritual e temporal e, em torno de seus templos, girava a vida na região. Graças ao templo de Lagash, em Uruk, a primeira forma de escrita foi preservada e através dela sabemos um pouco sobre como viviam os sumérios.

Tally-Ho, a primeira anotação numérica

Mesmo antes do surgimento das primeiras agro-vilas e da prática da agricultura, a necessidade de fazer marcações de registro já estava presente entre os homens pré-históricos, como demonstra este osso de lobo encontrado na atual república Tcheca e datado de 30 mil anos atrás.

se intensificam para suprir as necessidades destas novas estruturas, a propriedade da terra e daquilo que ela produz, os tributos e outras demandas urbanas alcançam patamares expressivos que exigem para sua operação e controle, números, registros, anotações...

Tudo começou com os algarismos; os registros numéricos estão na raiz e na gênese da escrita. Tally-Ho, marcadores e registradores primitivos.

É preciso contar as ovelhas, saber quantas compõem o rebanho para poder controlar seus movimentos e garantir sua segurança.

É preciso medir as colheitas, quantificar as trocas, calcular os tributos, equilibrar a demanda com a oferta necessária para supri-la e, principalmente, controlar tudo isso.

Como sabemos, só pode ser controlado aquilo que pode ser medido, essa é uma necessidade que surge com a vida urbana, mas que já estava presente na vida humana há muito mais tempo.

No princípio, não era preciso saber contar para conferir se todas as ovelhas voltaram para o curral, bastava fazer uma marca correspondente a cada animal do rebanho numa vara para verificar se elas correspondiam ao total de animais recolhidos. Se faltar uma ovelha, é fácil saber. Se nascer uma ovelha, acrescenta-se uma nova marca. Mas bem antes do homem criar animais, havia a necessidade de controlar o tempo e as estações, as luas forneciam as referências precisas que orientaram os homens pré-históricos em seus movimentos, conhecer a duração das estações, a migração dos rebanhos era vital para aqueles que viviam nas regiões frias, pois o inverno era um período de grandes dificuldades e sua chegada mudava radicalmente as condições de vida. Um osso de lobo com entalhes datado como tendo sido esculpido há mais de 30.000 anos, encontrado onde hoje fica a república Tcheca, é provavelmente um marcador Tally e um precursor do que viria a se tornar a proto-escrita.

Muitos destes registradores foram encontrados em lugares distintos da terra, feitos com materiais diversos e com formas diferentes, pois a necessidade de contar é inerente ao ser humano. Ele sempre precisará lidar com números para saber a diferença entre um ou mais de um, muitos e poucos, quantos dias e quantas luas e assim por diante, pois bem, cedo o homem percebeu que um número maior de caçadores contra uma número menor de presas ou adversários fazia grande diferença.

No Oriente Médio, foram encontrados marcadores feitos de argila, contendo sinais gravados, datados em 8000 anos antes da era cristã, período em que já se praticava a agricultura e a criação de rebanhos. Estes marcadores também conhecidos como *tokens* são os ancestrais de uma proto-escrita que começava a surgir. Os sinais numéricos e as indicações sobre a que se referem estes números mencionados aparecem em Uruk, na Mesopotâmia, gravados em placas de argila, onde também estão registrados além de números, alguns sinais não numéricos. Estas primeiras escrituras se referem a contas agrícolas e contabilidade, um início bastante humilde para o que se tornaria a escrita que iluminaria o caminho do progresso para a humanidade.

Surge a escrita e com ela a história da humanidade passa a ser contada pelos homens que a escreveram

A datação com carbono e outras formas de estabelecer referências temporais para as peças encontradas pelos arqueólogos, assim como os diversos textos que sobreviveram ao tempo e chegaram até os estudiosos que os utilizaram na decifração, constituem as referências que nos permitem acompanhar a evolução da escrita desde seus primórdios. Graças a estas referências e as descobertas arqueológicas, sabemos que a escrita não surgiu de repente, mas foi resultado de um longo processo de acumulação de conhecimento e pequenos avanços tecnológicos que acabaram por transformar os símbolos primitivos em sinais mais ou menos inteligíveis ou proto-escrita que depois evoluíram para a forma de pictogramas, ideogramas e assim por diante, até se transformar num conjunto de símbolos, estruturados de modo a permitir que seus usuários expressem informações que pudessem ser lidas e compreendidas de forma clara por quem as lia.

A criação de um sistema estruturado de símbolos que atendiam a esta descrição foi inicialmente alcançado pelos *sumérios*, que produziram as famosas placas de Uruk gravadas em argila por volta do ano 3300 a.C., dando início a

Pedrinhas de contar, ancestrais da escrita

Primeiro, pedrinhas marcadas com estrias; depois, pequenos marcadores em cerâmica, feitos de argila e encontrados na Mesopotâmia chamados de tokens são os ancestrais de uma proto-escrita que começava a surgir.

As contas agrícolas atribuem a escrita uma origem humilde, dedicada a ajudar o homem em suas práticas mais elementares de sobrevivência

No barro, fez-se a luz

As placas de Uruk nos apresentam o cuneiforme, aquela que é considerada a primeira forma de escrita digna deste nome, elas datam de 3300 anos a.C., narram contas agrícolas, detalhes da vida no templo desta cidade da Mesopotâmia e se tornaram monumentos preciosos da história da civilização.

era da escrita com seu conjunto de símbolos posteriormente denominados *"escrita cuneiforme"*.

A escrita cuneiforme, criada pelos sumérios, recebeu este nome por utilizar estiletes em forma de cunha para gravar na argila macia as inscrições com os símbolos estilizados que o caracterizam. Além dos símbolos em forma de cunha utilizados para expressar as palavras, o cuneiforme utilizava marcas arredondadas que correspondiam aos algarismos.

O processo da escrita cuneiforme tinha lá a sua complexidade, pois era necessário preparar as placas de argila que, depois de gravadas com as inscrições, eram queimadas no forno como a cerâmica e só por este motivo se conservaram até nossos dias e puderam ser decifradas para revelar a história que traziam.

Os sumérios, um povo que se estabeleceu no "crescente fértil" entre os rios Tigre e Eufrates, deixaram registros reconhecidos pelos estudiosos como a primeira manifestação de uma escrita verdadeira e digna deste nome. Sua criação provocou uma revolução intelectual de grande importância na ordem social, no desenvolvimento econômico e na expansão cultural.

Durante os cerca de 1300 anos de sua existência, a Suméria, graças a sua escrita, exerceu grande influência em toda a região Mesopotâmia e mesmo depois de seu desaparecimento sob o domínio de outros povos, a escrita cuneiforme continuou em uso pelos dois milênios seguintes.

A grande contribuição dos sumérios e seu papel na gênese da civilização só vieram a ser reconhecidas quando foi finalmente decifrada sua escrita, o que nos permitiu conhecer melhor este povo e os aspectos relevantes de sua existência.

O deciframento da escrita cuneiforme é uma verdadeira epopeia que merece ser contada por nos mostrar como foi árdua e complicada a montagem do quebra-cabeças, em que milhares de peças precisavam ser encaixadas.

É emocionante seguir a jornada dos estudiosos e pesquisadores que empreenderam esta jornada nos legando uma visão mais ampla sobre a história da escrita e da própria civilização.

A escrita cuneiforme desapareceu num sono profundo que durou mais de mil e quinhentos anos e só foi encontrada graças a um antigo texto grego

Por mais de mil e quinhentos anos, a última inscrição gravada em cuneiforme permaneceu desconhecida pelos europeus, não se tinha conhecimento da existência de uma escrita criada em época tão remota até o ano de 1618, quando o embaixador da Espanha na Pérsia, Garcia Silva Figueroa, encontrou as antigas ruínas de *Persépolis*, a cidade construída por Dario e que foi destruída por Alexandre o Grande em 330 a.C.

O embaixador conseguiu encontrar a cidade devido aos antigos textos gregos e romanos que a descreviam. Estes textos citavam a existência da lendária cidade da dinastia Aquemênida, que havia desaparecido da história depois de sua destruição pelo general macedônio. Estes textos mencionavam o triste fim desta cidade lendária e foram eles que possibilitaram sua localização.

Aqui, verificamos que a própria escrita foi o elemento indutor da descoberta, pois a cronologia histórica, como os períodos de governo dos reis, seus nascimentos, suas mortes, as grandes batalhas vencidas por eles, os feitos mais significativos que mereceram registro, foi escrita e se tornou referência na reconstituição dos fatos, servindo de balizas no tempo e marcadores de percurso. Foi graças aos antigos textos que a mencionavam que o embaixador conseguiu encontrar a cidade perdida no tempo.

Entre os vários tesouros arqueológicos encontrados nas ruínas da cidade Persa, estavam as misteriosas inscrições gravadas em jasper negro que não se pareciam em nada com as antigas línguas existentes na época em que Persépolis foi destruída. Não se pareciam com o aramaico, o árabe, o grego ou o hebreu, o que levou Garcia Figueroa a concluir que se tratava da escrita de um povo desconhecido ou perdido no tempo.

Tratava-se na verdade da escrita *cuneiforme* criada pelos sumérios por volta de 3300 anos a.C e considerada a primeira forma de escrita desenvolvida pelo homem. Durante os 3000 anos em que permaneceu em uso, esta escrita foi utilizada por povos que falavam 15 línguas diferentes e se propagou até a Pérsia, quando esta dominou a Babilônia depois que o cuneiforme havia sido adotado tanto pelos babilônios quanto pelos acadianos, os primeiros a dominar a Suméria.

Foram os acadianos, um povo semita, antepassado dos árabes e dos hebreus que levaram o cuneiforme a se transformar numa verdadeira escrita, capaz de transcrever não apenas a língua suméria, mas sua própria

Destruída por Alexandre, o Grande, em 330 a.C., Persépolis revelou ao mundo o cuneiforme

A descoberta da antiga capital construída por Dario, rei da Pérsia, de misteriosas escrituras gravadas na pedra, levou ao deciframento da escrita cuneiforme, abrindo as portas para o aparecimento de povos antigos que haviam desaparecido da história.

Os nomes dos reis da Pérsia foram as primeiras palavras decifradas nos textos de Persépolis. Por estarem destacados no texto, os nomes de Histaspes, pai de Dario, e Xerxes, filho de Dario, abriram caminho para que o cuneiforme começasse a ser decifrado. Uma longa jornada então se iniciava.

Lammassi, gênio benevolente da civilização assíria

Além dos sumérios, acadianos, babilônios assírios, persas e quase todos os demais povos da Mesopotâmia utilizaram o cuneiforme como escrita corrente. A expansão do cuneiforme levou-o até a Anatólia, onde foi utilizado pelos hititas, um povo que falava uma língua indo-europeia bem diferente das línguas semíticas que originaram esta escrita.

língua, o acadiano, que graças ao poder deste povo se tornou a língua dominante em toda a Mesopotâmia por volta do ano 2000 a.C.

A força deste sistema de escrita fica evidente quando constatamos que ela foi adotada por diversos povos da região e mais além, permanecendo em uso por mais de três milênios. Por ser uma escrita pictográfica e não fonética, a escrita cuneiforme não estava ligada à língua falada e por isso podia ser utilizada indistintamente por povos que falavam diferentes idiomas.

A partir da descoberta em Persépolis, que havia sido a capital de Dario, um dos reis da dinastia Aquemênida e por isso guardava tantos tesouros, (entre eles o cuneiforme), um tortuoso percurso seria percorrido até que seu significado fosse enfim compreendido. Estas inscrições desconhecidas encontradas pelo embaixador Figueroa foram então enviadas para a Europa, onde acabaram sendo publicadas pela primeira vez em 1657, tornando-se objeto de interesse dos estudiosos dedicados ao estudo de línguas e escrituras antigas. A partir desta publicação, um longo caminho começava então a ser trilhado, mas a decifração desta nova descoberta levaria ainda um bom tempo. Num primeiro movimento, 43 anos depois da primeira publicação, o nome "cuneiforme" para denominar a nova descoberta foi cunhado pelo Professor Emérito da Universidade de Oxford, Thomas Hyde, que escreveu sobre os símbolos misteriosos em 1700, quando, percebendo que os sinais naquelas inscrições haviam sido gravados com um instrumento em *"forma de cunha"*, o professor Thomas decidiu chamá-los de cuneiforme (de cuneus = cunha em latim). Mas apesar de ter cunhado o nome pelo qual esta escrita pioneira seria conhecida, o professor Hyde não a considerou uma *escrita*, mas apenas um *patern* arquitetônico, devido ao desenho abstrato e geométrico dos sinais e pelo fato deles não serem inteligíveis ou se parecerem com as outras escritas antigas conhecidas até então.

Doze anos depois do texto do professor de Oxford, em 1712, um novo texto avançou na interpretação das escrituras descobertas em Persépolis. Isso aconteceu quando outro viajante, E. Kaempfer, um médico que havia visitado as ruínas em 1686, concluiu que os diferentes sinais encontrados no local deveriam representar uma escrita, embora com significados desconhecidos, mas sem dúvida trava-se de uma escrita, intuiu ele.

As ruínas da capital de Ciro, na Pérsia, continuaram a atrair visitantes interessados na história antiga, mas apesar de outros expedicionários terem estado em Persépolis neste período e publicado a respeito, a decifração do cuneiforme não avançou. Foi somente em 1770, quando Carsten Niebuhr, um destacado viajante dinamarquês, visitou as ruínas que as coisas começaram a se mover novamente, desta vez com mais desenvoltura. Ele percebeu que várias inscrições ali existentes eram duplicadas, o que lhe permitiu checar uma inscrição contra a outra e verificar que suas finalizações não caíam no mesmo lugar, isso levou-o a concluir que a leitura do cuneiforme se dava da direita para a esquerda, conclusão que constituiu um importante passo, pois, comparando os símbolos, ele distinguiu claramente três escrituras, e foi ele também quem iniciou o processo de isolar os símbolos mais simples dando início ao processo de deciframento, que começou a ser efetivamente empreendido a partir de 1800, quando um novo personagem surge nesta história.

Foi o professor Georg Grotefend, que ensinava em Göttingen, na Alemanha, quem empreendeu uma grande jornada, sendo o primeiro a dar os primeiros passos no trabalho sério de deciframento. Grotefend conseguiu decifrar elementos significativos da escrita quando foi capaz de identificar os nomes de três reis da dinastia persa Aquemênida escritos em sua pronúncia original. *Histaspes*, pai de *Dario*, e *Xerxes*, filho de *Dario*, pois os nomes destes três reis eram destacados nos textos. Ele conseguiu isso utilizando como referência o *"Avestan"*, língua das sagradas escrituras do *Zoroastrianismo*, uma língua da família indo-europeia, onde também tem origem o persa antigo, língua em que estava escrita uma das inscrições encontradas em Persépolis.

Assim teve início o processo de deciframento do cuneiforme, mas ainda faltava o passo decisivo para que esta escrita pudesse efetivamente ser lida e revelasse seus segredos.

Este passo foi dado por um oficial poliglota do exército inglês, que havia servido na Índia e adquirira conhecimento nas línguas hindustani, árabe e persa moderno. Henry Cresswicke Rawlinson tinha ido à Pérsia para dar treinamento ao exército do Xá, onde acabou se tornando conselheiro do governador do Curdistão e um dia, em que estava viajando por uma estrada no interior do Irã, avistou, nas montanhas de Zagros, perto da localidade de Behistun,

Dos persas aos vikings, a própria escrita deixa rastros para as muitas descobertas

Uma "saga" narrando o afundamento intencional de navios ocorrido há mais de mil anos na entrada de uma laguna executado pelos próprios moradores para impedir uma invasão naval possibilitou a localização e retirada do mar dos navios vikings que hoje se encontram expostos no Museu de Roskilde na Dinamarca.

umas gravações que apareciam no alto de um penhasco, num lugar elevado, de difícil acesso, que ficava a mais de cem metros do nível da estrada. A inscrição encontrada por Rawlinson pode ser considerada a *"pedra de roseta da escrita cuneiforme"*, uma vez que sua descoberta se tornou decisiva no processo de deciframento, pois nelas estavam as inscrições que apresentavam a autobiografia que Dario mandara gravar, na rocha em Behistun, num lugar inacessível, para que fossem preservadas para a posteridade. Sobre estas inscrições, havia uma imagem da divindade máxima do *Zoroastrianismo*, Ahura Mazda, contemplando uma cena em que o próprio Dario pisa sobre um inimigo vencido enquanto oito prisioneiros com as mãos amarradas aguardam em fila por seu julgamento.

Estas inscrições com textos mais extensos em cuneiforme, acompanhadas por imagens do rei Dario dominando seus inimigos, estavam escritas em três diferentes línguas, depois identificadas como persa antigo, babilônio e elamita. O fato das inscrições estarem escritas em três diferentes línguas favoreceu o trabalho de decifração, pois podiam se fazer cruzamentos entre elas, o que aumentou o número de referências disponíveis para o estudo.

Descobertas em 1837, as inscrições na rocha de Behistun levaram dez anos para serem inteiramente copiadas e foram chegando parcialmente à Europa, onde a comunidade científica dedicada ao estudo das línguas antigas pode enfim dispor de uma material mais substancioso sobre o qual trabalhar.

Vários estudiosos contribuíram para desvendar os complexos meandros desta escrita, que, além de conter símbolos abstratos de uma civilização extinta há milhares de anos, estava gravada em três línguas também desaparecidas. A única delas que ainda tinha alguma proximidade com o mundo conhecido era o persa antigo, ancestral do persa moderno, ainda em uso.

Além de Rawlinson, Edward Hinks e mais dois estudiosos ingleses se debruçaram sobre esta tarefa hercúlea e conseguiram finalmente decifrar o cuneiforme das inscrições encontradas no penhasco de Behistun.

Em sua jornada, eles primeiro decifraram o texto escrito em persa antigo e depois se voltaram para o babilônio e sua versão regional, o elamita, ambos presentes tanto nas inscrições de Persépolis quanto nas de Behistun. A chave para a decifração dos textos nestas duas línguas extintas foi

A sorte colocou o homem certo no lugar exato

Transitando por uma estrada da Pérsia, Henry Rawlinson, um oficial inglês, encontrou a inscrição que permitiria avançar na decifração da escrita cuneiforme.

Apesar de se encontrar num lugar inacessível, Rawlinson, movido por grande curiosidade, escalou o penhasco e anotou o que viu.

O texto gravado no rochedo de Behistun era a biografia de Dario, rei da Pérsia, escrita em três idiomas persa antigo, babilônio e elamita, todas línguas extintas quando a inscrição foi finalmente decifrada.

novamente o *Avestan,* língua em que foi narrado o *Avesta,* texto sagrado do Zoroastrianismo que havia ganhado no século IV sua primeira versão escrita, pois até então dispunha apenas da narrativa na forma oral.

Rawlinson continuou trabalhando e, por volta de 1855, as traduções de textos escritos em babilônio já podiam ser feitas com bastante confiança. O sânscrito, a língua em que foram narrados os Vedas, textos sagrados da religião Védica, uma das formadoras do Hinduísmo, também foi utilizado por Rawlinson. O sânscrito é uma língua indo-europeia parente do persa antigo. Mais uma vez a religião ajuda a contar a história da escrita e dos povos que a escreveram.

O passo final e definitivo para que o cuneiforme se tornasse legível e seus textos fossem lidos foi a descoberta em 1857 do Cilindro de Tiglath-Pileser I da Assíria, um rei que viveu entre 1120 e 1074 a.C. A tradução das inscrições gravadas neste cilindro de argila cozida permitiu confirmar o deciframento do cuneiforme babilônico e abriu com isso a trilha definitiva para que os textos e mensagens gravados nesta forma de escrita fossem enfim conhecidos.

O fato curioso relacionado com este cilindro foi o exame público conduzido pela Royal Asiatic Society de Londres que convidou, em 1857, Rawlinson, Hinks e outros estudiosos a fazerem a tradução de forma individual e independente uns dos outros do texto que nele se encontrava.

As traduções realizadas por Rawlinson e Hinks coincidiram perfeitamente, confirmando assim que os textos podiam ser lidos e traduzidos com precisão.

Graças ao trabalho incansável de todos estes estudiosos, pudemos então conhecer aspectos da vida na cidade Suméria de Uruk e saber, por exemplo, que havia nesta cidade um grande templo cuja comunidade empregava 31 cervejeiros, 18 padeiros, um ferreiro e assim por diante. As famosas placas de Uruk são os mais antigos documentos escritos que se tem notícia, neles se encontram gravados os registros de contabilidade que nos mostram a distribuição dos produtos, a coleta de tributos e donativos, a distribuição de terras para funcionários do governo e outros aspectos da nascente vida urbana na Mesopotâmia. Toda vez que consegue desvendar aspectos desconhecidos da vida de povos extintos, a humanidade fica maior, ela incorpora em sua marcha civilizatória a contribuição destes povos que existiram antes de nós e que foram responsáveis por avanços decisivos, como os que conseguiram os sumérios, precursores da agricultura,

Henry Creswicke Rawlinson, oficial do exercito britânico, aventureiro, atleta e poliglota

Rawlinson foi o descobridor da inscrição no rochedo de Behistun, um feito de coragem e determinação que abriu as portas para o deciframento da escrita cuneiforme. Rawlinson e Edward Hincks são considerados os decifradores do cuneiforme.

O código de Hamurabi, um impressionante conjunto de leis que estabelece uma nova forma de governo, baseado na lei escrita

Hamurabi, da Babilônia, reinou por 42 anos e seu reinado foi marcado pelo código de leis que promulgou e fez respeitar. Por estarem escritas e gravadas na pedra, as 282 leis que o compõem entraram para a história como um dos primeiros exemplos de aplicação do princípio jurídico e também pela singular concepção racional e humana de seu enunciado.

No topo da estela, vemos Hamurabi de pé, apresentando seu código ao Rei-Sol, sentado em seu trono.

das cidades e da escrita, que tornou possível ao homem registrar de forma definitiva e duradoura para a posteridade sua história.

A descoberta e o deciframento da escrita cuneiforme é um feito memorável que merece ser reverenciado por todos aqueles que sabem e gostam de ler, porque se não conhecêssemos esta história, conheceríamos muito pouco sobre a escrita.

Mas a saga do cuneiforme não termina com seu deciframento, na verdade, a partir dele se abre uma nova página na história da civilização, pois outros documentos importantes vieram à tona e puderam ser, enfim, lidos e conhecidos. Entre os mais significativos documentos revelados pelo cuneiforme está sem dúvida o *"Código de Hamurabi"*, uma inscrição gravada numa *estela* de pedra com 2,44 metros de altura, contendo as 282 leis que regiam a vida dos cidadãos da Babilônia. Hamurabi reinou de 1792 a 1750 a.C. e seu código, gravado em cuneiforme, é considerado um dos primeiros exemplos de formulação do princípio jurídico.

"O ladrão que roubar uma criança será executado!"

A frase acima refere-se a uma das leis escritas neste código, sem dúvida um exemplo da dureza com que elas foram cunhadas e da preocupação deste monarca com a conduta moral de seu povo.

Outro documento importante, cuja influência se expandiu de tal forma que fragmentos de sua narrativa podem ser encontrados na Bíblia, no velho testamento, na mitologia grega e até em religiões da Índia, é a *Epopeia Épica de Gilgamesh*, provavelmente a mais antiga narrativa literária que se tem notícia. Este conto, concebido e narrado há cerca de 2000 anos a.C., nos apresenta o primeiro herói que aparece numa narrativa épica. Nele estão descritos o dilúvio e arca que salvou nosso herói e sua família durante a grande inundação, os anjos, o céu e o inferno e outras citações que estão presentes nos textos de várias religiões antigas e que aparecem até mesmo na Odisseia, de Homero.

A escrita fez surgir muitas coisas, permitiu que a sociedade passasse a viver sob o império da lei, pois códigos legais escritos passaram a regulamentar os pesos e as medidas, apontar o que era considerado crime e prescrever suas punições, ela possibilitou que a palavra sagrada fosse preservada e difundida, que bibliotecas com milhares de placas gravadas passassem a armazenar o conhecimento e os registros, que as primeiras escolas ensinassem as crianças a ler e a escrever e, com ela, a vida em sociedade ganhou um impulso que só fez se fortalecer nos milênios que se seguiram.

A escrita cuneiforme reinou por 3000 anos no berço da civilização e desempenhou um papel de destaque no processo civilizatório. Com ela, foi possível desvendar os segredos dos antigos povos que da Mesopotâmia a Anatólia a utilizaram em seu dia a dia e escreveram a maior parte da história que conhecemos sobre as origens da história.

"O Deus da escrita inspira a leitura e abençoa aqueles que a produzem e a utilizam em suas vidas". Assim pensavam os egípcios

O cuneiforme foi sem dúvida a primeira forma de escrita a nos contar sobre as vidas e realizações das antigas civilizações que habitaram a Mesopotâmia, mas enquanto ela se espalhava por toda a região, uma outra forma de escrita, criada pelos egípcios, um povo vizinho dos sumérios, iniciava a jornada que a tornaria tão célebre quanto a civilização que a criou.

Diferente da escrita cuneiforme, que era geométrica e abstrata, voltada para as questões práticas da nascente vida urbana, os hieroglífos são constituídos por desenhos estilizados que compõem um painel de fascinante riqueza visual, mas, acima de tudo, são considerados uma escrita sagrada, oriunda diretamente dos deuses que a ofertaram aos homens. O caráter sagrado dos hieróglifos foi o que deu a ele uma dimensão transcendental e um valor inestimável na sociedade que o utilizou.

A história do antigo Egito teria se perdido no tempo e jamais saberíamos tanto sobre ela se Champolion e os *"egiptólogos"* não tivessem decifrado seu código e penetrado nos segredos das sagradas escrituras em hieroglífos.

Como vimos, decifrar uma língua cuja continuidade se perdeu no tempo equivale a empreender uma jornada ao desconhecido e com a escrita dos egípcios não foi diferente, pois sua língua há muito deixara de ser falada. Por sorte, muitas vezes o acaso e a obra da providência se unem para

A civilização egípcia criou, pouco depois do cuneiforme, uma escrita diferente, rica e fascinante, usada por uma sociedade sofisticada

Embora seja próximo, o Egito fica na África, e não na Mesopotâmia.

O desenvolvimento da escrita hieroglífica seguiu um caminho próprio. Diferente da forma geométrica, austera e abstrata do cuneiforme, a escrita egípcia é ricamente simbólica e muito artística, a isso se deve o fascínio que exerceu sobre tantos intelectuais e pesquisadores das línguas e culturas antigas.

oferecer a homens sagazes, interessados nas línguas e em seus escritos, a oportunidade de descobrir as pistas que conduzirão ao deciframento.

Considerada desde seu nascimento como uma escrita sagrada, os egípcios acreditam que receberam seus hieróglifos diretamente do deus Thot como uma benção e um legado para sua civilização, não sendo por outra razão que o termo "hieróglifo", que denomina os caracteres da escrita egípcia, significa: *"escrita dos deuses"*.

Mas na verdade a escrita dos egípcios tem sua origem nas invenções dos sumérios que chegaram ao seu território por volta de 3100 a.C. quando o Rei Menés unificou o Egito e fundou a primeira dinastia. Assim como fizeram os sumérios que iniciaram a construção de sua escrita através de desenhos estilizados que se transformaram numa escrita pictográfica, os egípcios também começaram utilizando desenhos para compor seu vocabulário de símbolos, mas diferente do que fizeram seus vizinhos, que evoluíram rapidamente para uma escrita austera e abstrata, com ícones geométricos, eles continuaram utilizando elementos pictóricos por todo o tempo em que os hieróglifos estiveram em uso, o que vale dizer, foi do seu início em 3100 a.C. até o ano de 394, quando o Egito, há décadas dominado pelos romanos, deixou de utilizá-los.

A partir de um nascimento considerado divino, esta escrita conquistou um status elevado na sociedade dos faraós, passando a ocupar um lugar proeminente na vida de um povo que nos legou um mundo de inscrições deixadas em túmulos e monumentos, gravadas nas rochas e escritas em papiro com um impressionante relato da vida desta civilização poderosa. Este relato entretanto permaneceu obscuro porque o caráter enigmático de seus escritos não podia ser compreendido e há muito não havia na terra quem conhecesse a língua em que haviam sido escritos, pois o idioma do antigo Egito havia deixado de existir, permanecendo apenas na forma de fragmentos presentes na língua copta utilizada pelos egípcios que sucederam as antigas dinastias. Por causa disto, os grafismos utilizados pelos egípcios constituíam algo tão hermético que os eruditos gregos e romanos pensavam que eles eram símbolos mágicos utilizados em rituais esotéricos, mas graças ao fascínio que provocou nos homens letrados, tanto gregos como romanos e depois nos estudiosos que os sucederam, o mistério dos hieróglifos continuou desafiando a imaginação dos homens

A partir de sua origem divina, a escrita dos egípcios deixa o sagrado para assumir uma posição social elevada

Nobres e aristocratas, assim como os homens ricos, passaram a utilizar a escrita na forma do "livro dos mortos", do qual se faziam acompanhar em sua jornada além da vida. Havia uma crença disseminada no poder que estas escrituras tinham na obtenção de uma boa condição de vida após a morte para aqueles que eram por elas recomendados. O "livro dos mortos" gozava de um elevado prestígio na sociedade dos faraós.

e presente na Europa onde foi objeto do interesse de eruditos que, embora fascinados pela sua beleza poética, não conseguiram penetrar seus mistérios até o dia em que um lance de sorte abriu a oportunidade para que seus segredos começassem enfim a ser desvendados.

O inesperado impulso para a decifração da escrita hieroglífica ocorreu quando as tropas de Napoleão Bonaparte, que haviam invadido o Egito no final do século XVII, estavam abrindo uma fundação para reforçar os alicerces de uma fortaleza localizada na cidade de Roseta, onde encontraram uma pedra negra contendo inscrições em três escritas diferentes.

A pedra de Roseta descoberta no Egito na metade de 1799 é considerada provavelmente a mais famosa inscrição encontrada no mundo, pois sua descoberta abriu as portas para a escrita de um dos povos cujo legado despertou e ainda desperta o interesse e admiração de todos pela riqueza de sua cultura, pelos monumentos e as obras que nos deixou, incluindo as pirâmides e a esfinge.

A pedra de Roseta é uma laje de granito compacto medindo 114 centímetros de altura por 72 centímetros de largura por 28 centímetros de espessura gravada com inscrições em língua egípcia na forma de hieróglifos na parte superior, em grego na parte de baixo, e contendo no centro uma escrita desconhecida na época e que não se parecia com a escrita grega, mas que depois foi identificada como uma forma cursiva da escrita egípcia denominada "demótica".

No momento em que esta pedra foi encontrada, seu valor foi imediatamente reconhecido pelo oficial em comando da escavação e movida para a cidade do Cairo, onde cópias de suas inscrições foram feitas e enviadas para a Europa para serem estudadas.

O primeiro passo no processo de decifração, evidentemente, foi traduzir o grego cuja escrita era amplamente conhecida. O texto descrevia uma assembleia realizada por sacerdotes provenientes de várias partes do Egito, reunidos para a coroação de Ptolomeu V Epiphanes, rei do Egito, que ocorreu no dia 27 de março do ano 196 a.C. O texto estava escrito em grego porque este reino era então governado pelos descendentes de Ptolomeu, general de Alexandre, o Grande, que recebeu o Egito na divisão do território conquistado pelos exércitos macedônios quando da morte de seu grande líder e fundou uma dinastia da qual Cleópatra é a última descendente real.

A inscrição antiga mais famosa do mundo foi encontrada por acaso numa escavação realizada pelas tropas de Napoleão

Ao ser descoberta na cidade de Roseta no Egito, esta laje de pedra negra, com inscrições em três línguas diferentes, se transformou na chave que permitiu a decifração de uma escrita há muito esquecida, perdida na poeira dos tempos.

Os nomes de Alexandre, Alexandria, Ptolomeu, entre outros, estavam presentes nesta escritura, o que facilitou a compreenção do sentido do texto e do que ele tratava. Os estudiosos dedicados ao deciframento se voltaram então para o texto escrito em demótico porque a parte superior escrita em hieróglifos estava bastante danificada.

Conhecendo o significado do texto em grego, os estudiosos procuraram menções aos nomes já conhecidos como Ptolomeu e Alexandre, isolando grupos de símbolos repetidos que estivessem nas mesmas posições do texto em grego.

Ao identificar os nomes com os símbolos, os estudiosos perceberam que os nomes escritos em demótico pareciam estar em ordem alfabética e por isso procuraram estabelecer suas correspondências, tentando montar um alfabeto em demótico. Mas isso não foi possível porque o demótico, assim como se veio a saber depois, era estruturado como os hieróglifos que utilizavam três espécies de símbolos: *"Pictogramas"*, com desenhos que representavam coisas e seres, combinados com *"Símbolos"*, que exprimiam ideias, e desenhos, que expressavam fonogramas que reproduziam os sons da voz e da língua falada, e ainda um conjunto de *"Símbolos determinativos"*, que permitiam saber de que categoria de coisas estavam se tratando.

Devido a complexidade desta estruturam, os acadêmicos e estudiosos não conseguiram avançar até que Thomas Young, um destacado linguista e cientista britânico, percebeu que os elementos construtivos da escrita demótica não podiam ser organizados na forma de um alfabeto do tipo utilizado na escrita ocidental por conter elementos pictográficos e símbolos não alfabéticos. Esta descoberta abriu as portas para que o demótico e os hieróglifos fossem estudados de uma nova forma.

A contribuição de Young foi muito importante, pois permitiu aos estudiosos uma nova abordagem que fez com que o processo de deciframento avançasse até sua completa conclusão, feito alcançado por Jean-François Champollion, que concluiu a quebra do código dos hieróglifos e passou para a história como o homem que decifrou a pedra de Roseta.

Champollion perseverou no trabalho de deciframento das inscrições gravadas na pedra de Roseta e se beneficiou tanto da contribuição de Thomas Young quanto da oferecida por Willian Bankers que escavou em 1822 na localidade de Philae, no Egito, um obelisco com inscrições em grego e hieróglifos. Willian Bankers enviou a Champollion, em Paris, uma cópia das inscrições gravadas na base e na coluna

Um obelisco escavado por Willian Bankers no Egito, ajudou Champollion na reta final do deciframento dos hieróglifos

As inscrições gravadas em monumentos foram fundamentais no processo de deciframento, tanto do cuneiforme quanto do hieróglifo. Obeliscos espalhados por vários países como o desta imagem, que se encontra em Istambul, contribuíram para que o trabalho dos decifradores avançasse.

deste obelisco, onde se encontravam dois *cartuchos* (escritos emoldurados por um fio de contorno) com os nomes de Ptolomeu e Cleópatra. Um dos *cartuchos* era quase idêntico ao encontrado na pedra de Roseta.

Novas cópias de inscrições retiradas de templos antigos, incluindo uma proveniente de Abu Simbel, foram enviadas a Champollion, o que o auxiliou na etapa final do deciframento de uma escrita cuja visão nos encanta, mas, ao mesmo tempo, nos mostra, por sua complexidade, que a descoberta do seu sentido e significado representou uma árdua tarefa.

Ao quebrar definitivamente o código dos hieróglifos, Champollion e seus colegas estudiosos abriram para os pesquisadores da civilização egípcia os segredos das escrituras sagradas encontradas nos monumentos e em todas as escavações realizadas desde então. Uma nova visão sobre o Egito, repleta de informações, emergiu desde então, revelando todo o esplendor desta civilização fascinante.

E foi assim que a escrita, ela própria, cuidou de nos guiar no caminho da sua descoberta, foi ela que nos permitiu compreender o legado de todos aqueles que um dia julgaram necessário e prudente deixar registrado aquilo que desejavam preservar. A descoberta e o deciframento das escritas antigas nos permitiram conhecer melhor o processo através do qual a civilização evoluiu e descobrir como surgiram as leis, a escola, as religiões e muitos dos pilares que hoje sustentam nosso modo de vida.

A própria escrita deixou registrado em textos espalhados as pistas que levaram à descoberta de seus segredos

Champollion recebeu fragmentos de textos encontrados em diversas partes por exploradores que trataram de lhe enviar suas descobertas, contribuindo assim com seu trabalho e ajudando a desvendar segredos da vida dos antigos egípcios e seus faraós que teriam se perdido se não aprendêssemos a ler o que eles escreveram.

A primeira das profissões de caráter intelectual

Desde o início, a escrita confere prestígio e poder a uma elite letrada e é por ela cultivada e protegida

Ler e escrever eram atividades novas, de caráter eminentemente intelectual e simbólico, praticadas por um mínimo de pessoas capazes que conseguiam fazer isso naquele período inicial do surgimento da escrita. Escrever e ler o cuneiforme, então, era tarefa ainda mais difícil e complicada dada a complexidade estrutural de sua linguagem de sinais abstratos, que abrangia centenas de símbolos num vocabulário cuja leitura apresentava uma grande dificuldade, pois, com o tempo, os primitivos símbolos pictográficos, onde o desenho representava literalmente aquilo que pretendia comunicar, passaram a incluir outros elementos não literais que ajudavam a determinar o sentido daquilo de que tratava o texto, como também elementos fonéticos que expressavam os sons da língua falada. Tudo isso exigia dos habilitados a escrever um enorme volume de conhecimento que demorava a ser obtido e exigia dedicação intensa em seu aprendizado.

Mas o importante papel que a escrita passou a desempenhar conforme a sociedade da Mesopotâmia foi se desenvolvendo, proporcionou a ela um papel de tão singular destaque que para a execução desta arte afluíram naturalmente as mentes mais capacitadas de então, e tanto a religião, que exercia papel dominante naquela região onde a vida nas cidades acontecia em torno dos templos, quanto o nascente poder de um estado comandado por governantes autocráticos, apoiados por burocratas e sacerdotes que garantiam seus poderes e executavam suas ordens, precisavam da escrita para fazer funcionar o modo de vida que adotaram.

Nada disso, entretanto, aconteceu de uma hora para a outra, o surgimento da escrita verdadeira foi precedido de um longo período de desenvolvimento de uma *"proto-escrita"*

Além de conhecer os símbolos, o escriba da Mesopotâmia precisava saber desenhar e gravar com uma cunha de madeira

Poucas eram as pessoas capazes de escrever neste idioma complexo e abstrato.
O aprendizado era difícil e levava muitos anos de estudo e prática para poder escrever nesta forma de escrita. A sociedade reconhecia esta dificuldade e premiava aqueles que se tornavam capazes de exercer o ofício de escriba.

rudimentar derivada da necessidade de contar e atribuir valores numéricos a coisas, animais e fatos importantes da vida cotidiana.

No início, a escrita se resumia a transcrever as contas agrícolas e os registros de transações contábeis, títulos de propriedade, coleta de tributos e doações aos templos. Estas anotações formaram a base desta escrita nascente, mas com o tempo novos ingredientes foram sendo adicionados. A narrativa de eventos importantes como as vitórias nas guerras, casamentos reais, coroações, o registro das deliberações reais, como a concessão de terras e o próprio método de escrever, que exigia ensino e precisava de textos referenciais que pudessem ser copiados pelos aprendizes em seus exercícios, constituíram os primeiros avanços e garantiram a ampliação do repertório da nova linguagem que estava sendo construída.

Uma linguagem que se tornaria capaz de expressar não apenas as contas e registros contábeis, mas as diversas manifestações do pensamento, as histórias que precisavam ser contadas e as ideias que iam surgindo.

O domínio da técnica de escrever e gravar seus símbolos para torná-los compreensíveis e passíveis de serem lidos posteriormente exigia de seus praticantes habilidades especiais que envolviam destreza manual, capacidade de desenho (letras e símbolos são desenhos), compreensão de conceitos abstratos e simbólicos e ainda o manuseio das ferramentas, preparo dos materiais, que no caso da argila das placas sumérias precisavam ser secadas e cozidas em forno com a utilização de técnicas desenvolvidas pelos ceramistas, tudo isso sem contar a capacidade de se expressar, organizar pensamentos e ideias e transformá-los nestes sinais e símbolos.

Naturalmente a construção da linguagem escrita, do conhecimento e das habilidades necessárias para praticá-la exigiu a formação de pessoas altamente qualificadas que precisavam passar por um processo de aprendizado formal, o que fez surgir uma forma embrionária de escola onde os futuros escribas passaram a receber instrução. Os escribas tornaram-se assim os primeiros mestres do ensino e seus ateliês se tornaram as primeiras escolas, pois o que ensinavam, diferente das outras formas de ensino onde se ensinava a proceder ou o "como fazer", o ensino da escrita era o ensino de um método ao mesmo tempo preciso na técnica e rigoroso no código de sinais que utilizava. Entre

Quis a sorte e o destino que as primeiras inscrições fossem feitas em cerâmica, só por isso duraram mais de 5 mil anos e podem hoje ser contempladas.

Os escribas da Mesopotâmia eram artesões habilidosos e intelectuais capazes de exercer um ofício que exigia pensamento abstrato. O detalhe da escrita mostra símbolos para palavras e números. Os numerais eram gravados com o cabo redondo do estilete. Tanto a narrativa como as contas puderam então ser registradas.

Com a escrita, surgiram os primeiros professores e escolas onde ensinar a ler e escrever inaugurou um procedimento que perdura até nossos dias.

Tirar as crianças de suas brincadeiras e engajá-las no estudo de algo tão difícil de aprender e complicado de executar como a escrita cuneiforme não era tarefa fácil. Os primeiros professores se empenharam com esmero para formar as primeiras gerações de seres humanos letrados, como demonstram vários relatos que eles nos deixaram.

as muitas placas de argila conservadas deste período cuja mensagem chegou até nossos dias, se encontram exercícios de cópia realizados pelos aprendizes ao lado da referência fornecida pelo mestre. Sabe-se que a formação de um escriba exigia demais dos aprendizes que começavam ainda criança por volta dos dez anos de idade, sendo comum a resistência de muitos alunos a suas novas e difíceis responsabilidades. Alguns relatos encontrados mostram situações em que o mestre adverte seu aprendiz sobre a necessidade de uma maior dedicação ao estudo e há até mesmo exemplos de admoestações escritas dirigidas aos mais renitentes. É interessante notar que os mesmos problemas que os professores atuais encontram para motivar seus alunos a estudar mais eram encontrados por estes mestres pioneiros.

Existem ainda surpreendentes registros da ação dos pais exortando seus filhos a se dedicarem mais ao estudo da escrita, pois anteviam, já naquele tempo, um futuro melhor para eles se soubessem ler e escrever.

Um destes impressionantes relatos nos mostra um pai levando seu filho a escola e exortando-o a se empenhar mais caso não desejasse ter no futuro uma vida de trabalhos braçais. Este pai dirigiu a seu filho as seguintes palavras: "*Eu vi o ferreiro trabalhando em sua fornalha*", disse o pai, "*seus dedos pareciam pele de crocodilo e ele fedia como peixe apodrecido*". Sem dúvida, um exemplo eloquente sobre a diferença entre o trabalho braçal de então e uma vida intelectual dedicada a atividades mais evoluídas e amenas.

Escrituras antigas em papiro descrevem o trabalho de escriba como "*uma profissão principesca*", com a complementar explicação: "*pois os materiais que utiliza e os rolos por ele escritos trazem prazer e riqueza*".

Não é por outra razão que logo o trabalho do escriba havia se tornado uma atividade importante, que trazia para seus ocupantes prestígio, poder e riqueza, que eles sem dúvida souberam acumular e expandir, como nos mostram diversos exemplos recolhidos da história, onde encontramos casos de governantes e até faraós que conduziam seus impérios com a ajuda destes profissionais, pois muitos deles não sabiam ler nem escrever.

Talvez uma das mais convincentes manifestações do poder e prestígio desfrutado pelos escribas seja a estátua de Kai, encontrada em Saqqara, no Egito, e datada de cerca de 2500 anos a.C.

Ela nos mostra um escriba sentado em sua posição tradicional de lótus com a tábua de escrever posicionada sobre suas pernas, onde podemos ver um rolo de papiro estendido. Ele tem uma atitude de grande dignidade e seus olhos receberam um tratamento especial, sendo feitos com uma incrustação de quartzo branco com a íris de alabastro, realçando sua visão aguçada.

Neste período da vida no Egito, apenas pessoas com alta posição social e poder econômico podiam ter esculturas de si mesmos.

No museu do Louvre, encontramos outro exemplo ainda mais significativo, uma estátua que nos mostra não só o escriba, mas também sua esposa, que de pé a seu lado apoia a mão sobre seu ombro numa demonstração evidente do poder econômico deste escriba que conseguiu pagar pela inclusão de sua consorte na escultura que mandou fazer.

Além dos próprios faraós, não restaram muitos exemplos de outras pessoas da alta hierarquia egípcia cuja imagem chegou até a posteridade, não conhecemos seus rostos nem seus nomes, mas isso não ocorreu com os escribas, vários deles entraram para a história gravando seus nomes e suas imagens para a posteridade em esculturas que permaneceram e nos textos que escreveram.

Não nos deixaram apenas seus nomes e rostos, mas os maravilhosos hieróglifos que gravaram nas pedras e que podem ainda hoje ser vistos nos museus, e monumentos fornecem um depoimento definitivo sobre a importância e a beleza da arte destes profissionais habilidosos, artísticos e sagazes. Os escribas da antiguidade são os pioneiros de uma profissão e de uma arte que prosseguiria até nossos dias onde ainda são encontrados em ação muitos calígrafos. Descendentes diretos desta tradição estão trabalhando para algumas casas reais e pessoas da aristocracia atual que ainda utilizam o trabalho de calígrafos refinados para escreverem convites cerimoniais e outros textos de relevo diferenciado que não dispensam a escrita manual como forma de mostrar, não apenas o caráter nobre e aristocrático destes documentos que são caligráficos sobretudo porque não existe outra forma de dar a estes textos a dignidade e importância que eles realmente merecem.

Ao longo dos milênios que sucederam o surgimento da escrita, seus praticantes estiveram sempre presentes e em posições de importância historicamente reconhecidas.

Não conhecemos os rostos dos escribas da Mesopotâmia, mas, no Egito, eles já haviam alcançado o prestígio que colocou seus nomes na história.

Em poucas épocas da história, os escribas alcançaram posições tão elevadas na estrutura social quanto no Egito dos faraós. Podemos ver seus nomes e seus rostos imortalizados em estátuas que ainda podem ser vistas nos museus. Uma honra reservada apenas aos mais altos dignitários da sociedade.

Desde os escribas da Mesopotâmia e do Egito, passando pelos gravadores que deixaram sua marca nas pedras e monumentos persas, gregos, romanos... até os monges de todas as religiões que dedicavam suas vidas copiando textos, reclusos em mosteiros espalhados por todo o mundo, estes homens fizeram de seu trabalho com a escrita algo de tamanha importância, que chegou a alcançar até mesmo o status de algo sagrado, com valor transcendental.

O poder que emanava da escrita alcançou o espiritual e acompanhou a jornada dos mortos rumo a eternidade e a vida após a morte.

No antigo Egito, por volta do século XIV a.C. , um *"Livro do Mortos"* devia acompanhar o defunto a seu túmulo e ser lido em seu funeral para obter para o falecido uma série de graças pretendidas, cuja descrição diligentemente elaborada e escrita com este objetivo era considerada uma poderosa garantia de que seriam atendidas pelas entidades do além.

A crença nos poderes mágicos da escrita e a força espiritual que dela emanavam eram de tal ordem, que a elaboração destes livros dos mortos, escritos em papiro e tecidos de linho, constituía uma indispensável tarefa preparatória para este dia fatídico, sendo que as pessoas se dedicavam a elaboradas elucubrações, que acabavam, uma vez escritas, revelando muito sobre suas vidas, seu imaginário e suas crenças.

Entre os muitos destes livros dos mortos remanescentes, são encontradas narrativas pessoais que serviam para encaminhar os mortos em sua jornada e continham apelos e fórmulas mágicas para, entre outras coisas, evitar que o defunto fosse comido por vermes, para afastar seres malignos que poderiam obstruir sua jornada pós-vida e para abrir as portas de uma nova existência cheia de prazeres semelhantes aos que o morto desfrutara em vida.

Elaborar e escrever os *livros dos mortos* era sem dúvida tarefa de nível transcendental que exigia a contratação de um escriba *"reconhecido por seu poder"*, razão pela qual os escribas religiosos ocupavam o topo da hierarquia da profissão, trabalhando para os grandes sacerdotes, os templos, a dinastia imperial, a nobreza e a aristocracia, que

Um "livro dos mortos" acompanhava o defunto na sua jornada para a outra vida. Nele estavam escritas poderosas prescrições para afastar os perigos da jornada e garantir ao recomendado pelo texto as benesses do paraíso.

Não é preciso esforço algum para compreender a importância e o valor que estes textos tinham para quem estava à beira da morte. Escribas considerados poderosos em suas recomendações eram presenteados com muitos bens. Foi assim que alguns deles se tornaram homens ricos e influentes na sociedade egípcia.

atribuíam grande valor a seu trabalho, cobrindo-os de bens e regalias.

Mas não era apenas na religião que a escrita mostrava seu poder, desde o início, a força da palavra escrita foi percebida de forma clara pelos dirigentes e poderosos que passaram a utilizá-la a favor de seus propósitos e combatê-la duramente quando contrariavam seus interesses e suas crenças.

O grande imperador guerreiro Shi Huang Di, que fundou a breve, mas vigorosa, dinastia Qin e construiu a *"Grande Muralha da China"*, mandou queimar os livros que considerava *"subvertedores"*, numa clara demonstração do entendimento que tinha do poder subversivo da palavra escrita nos livros. Shi Huang Di governou a China entre 221 e 206 a.C. e embora seu reinado tenha deixado um importante legado para a nação, ele deixou também este péssimo exemplo que, infelizmente, foi repetido muitas vezes ao longo da história, onde a queima de livros sempre era realizada pelos poderosos do momento com o propósito de apagar as ideias que lhes eram contrárias ou o legado de seus opositores. Isto representou, ao longo do tempo, perdas incalculáveis para a civilização porque, antes da invenção da imprensa, produzir um livro era uma tarefa que envolvia grandes dificuldades, paciência, tempo e investimentos vultuosos, pois tudo era feito a mão por profissionais altamente qualificados e, portanto, raros e caros. Decidir o que seria publicado ou copiado era privilégio dos altos dirigentes e sacerdotes, pois a escrita "de autor" só veio a existir de fato muito mais tarde. Os escribas trabalhavam segundo as ordens de quem os comandava e reproduziam o que estes governantes desejam ver escrito. Assim a escrita se tornou um poderoso instrumento de governo e difusão das ideias dominantes, crenças e determinações, manejada de acordo com os interesses do poder reinante, seja ele imperial, laico ou o religioso.

A palavra escrita foi desde cedo reconhecida como mais forte e duradoura que a palavra falada, as religiões elaboraram suas Sutras, Bíblia, Torás, Vedas, Avesto, a Bíblia, o Alcorão e dezenas de outros compêndios de doutrina religiosa que até hoje servem de alicerce às inúmeras religiões.

Aquele que é apontado como primeiro livro publicado, a Sutra do Diamante, impresso na China no ano 868 d.C., continha um texto religioso.

Na China da dinastia Qin (221-206 a.C.), o imperador Shi Huang Di unificou a escrita e aboliu as variações de escrita consideradas "subvertedoras". Até hoje o povo chinês lê e escreve basicamente nos mesmos ideogramas.

Além da religião, o poder temporal também percebeu o poder e a influência que emanavam da palavra escrita. Desde então, governos e impérios tentaram, sem descanso, controlar a produção e a difusão da palavra escrita. A história está repleta de episódios onde a ação do poder contra a escrita se fez sentir.

A imagem dos monges orientais gravando suas sutras ou dos monges católicos reclusos em seus mosteiros copiando textos antigos, ainda hoje, está presente em nosso imaginário, pois até serem substituídos muito mais tarde pelos tipógrafos e impressores, os trabalhadores da escrita, com sua dedicação perseverante e incansável a uma arte metódica, nos deixaram um legado de valor inestimável e não podem ser esquecidos quando se trata de uma história da escrita, pois são eles que gravaram e registraram esta história para que ela chegasse até nossos dias, deixando um rastro de civilização no caminho que percorreram.

O Escriba que escreveu a certidão de nascimento de uma nação não viveu para ver sua carta nas mãos do rei para quem a dirigiu.

Datada de 1º de maio de 1500, a carta do escrivão Pero Vaz de Caminha ao rei de Portugal é o documento inaugural da história do Brasil.

A carta contém 27 folhas de texto e uma de endereço, mede 29,9 por 29,6 centímetros e foi escrita numa caligrafia derivada da "escrita cortesã", denominada "cursiva processal".

Narrava ao Rei Dom Manuel I os dias passados na nova terra pela esquadra de Pedro Álvares Cabral que aqui se encontrava de passagem para a Índia onde deveriam chegar a feitoria de Calicute.

Em seu relato, Caminha vai mostrando crescente interesse pela terra e pela gente que estava conhecendo, chegando mesmo a mostrar afeição pelo que via.

Sua descrição dos nativos do país chega a minúcias íntimas, demonstrando o fascínio despertado nos portugueses pela visão dos seus corpos nus.

Esta carta permaneceu nos arquivos reais por mais de três séculos até ser encontrada em 1773, posteriormente, publicada em 1817.

Depois de sua passagem pelo Brasil, Caminha não conseguiu retornar a Portugal, pois foi morto num levante promovido por comerciantes árabes.

Com o alfabeto, a escrita fonética passa a reproduzir a voz humana

Depois de sua longa jornada evolutiva, a escrita alcança o patamar de onde alçará seu vôo deslumbrante

Imagens, pictogramas, proto-escrita, rebus, escrita verdadeira, cuneiforme, hieróglifos, alfabeto silábico, alfabeto consonantal e alfabeto fonético. A busca da expressão total pela escrita já contava com mais de 2000 anos de percurso quando finalmente foi desenvolvida uma versão inteiramente fonética de escrita denominada *"alfabeto"*.

Com o alfabeto fonético, a voz humana é transformada numa escrita fluente, capaz de expressar quase tudo em quase todas as línguas.

A consolidação deste alfabeto foi realizada pelos fenícios, um povo que habitava a região onde hoje se encontram o Líbano e a Síria. Os fenícios foram os grandes navegadores e comerciantes do mundo antigo e escreveram seu nome na história pelo legado que deixaram em seu caminho. Comerciantes habilidosos, a designação de "fenícios" é derivada de uma palavra do grego que aparece na Ilíada de Homero significando *"comerciantes de púrpura"*, tintura que era um dos principais produtos comercializados por este povo.

Partindo de cidades-estado como Biblos, Tiro e Sidon, os fenícios viajavam por todo o Mediterrâneo comercializando com os diversos povos que habitavam suas margens e em sua atividade comercial, precisavam lidar com a fala destes povos, manter registros de suas transações e notas que os permitiam operar numa ampla escala, tanto territorial como em volume de negócios. Para dar conta de tudo isso, criaram uma forma de anotação que evoluiu para o alfabeto que utilizamos hoje e no qual este livro está escrito.

Criado por volta do ano 1100 a.C., o alfabeto fenício era constituído inicialmente por 22 letras, todas consoantes, pois não dispunha de vogais uma vez que as línguas semíticas,

Comerciantes eméritos, os fenícios precisavam tomar nota de suas transações comerciais e manter registros de suas atividades.

A Fenícia ficava onde se encontra hoje o Líbano e além de comerciantes de altíssimo nível, que navegavam por todo o Mediterrâneo, os fenícios criaram diversas colônias pela região, mantendo atividades comerciais em grande escala com os diversos povos que habitavam as margens deste mar. Por isso, precisaram e acabaram criando uma forma econômica de escrita que utilizava apenas 22 caracteres.

Um código de sinais simples como este teve o poder de transformar a escrita para sempre. A partir dos caracteres do alfabeto fenício, os gregos, e depois os romanos, desenvolveram a escrita que o ocidente passou a utilizar.

A impressionante simplicidade da escrita dos fenícios, a geometria clara e limpa de seus sinais, somadas à representação literal dos sons que somos capazes de emitir, levaram o alfabeto a ser adotado por aqueles que levaram a expressão humana a seus pontos culminantes. Ao adotar o alfabeto fenício e aperfeiçoá-lo, os gregos deram o passo decisivo para tornar a escrita a expressão maior de sua poderosa cultura.

da qual o idioma dos fenícios fazia parte, utilizam poucas vogais. Embora ainda sem as vogais, o alfabeto fenício exerceu grande influência em seu tempo e veio a se tornar a base de outros alfabetos, inclusive daquele que viria a se tornar a escrita utilizada hoje na Europa e na maior parte do mundo ocidental.

Ao contrário da escrita da Mesopotâmia e do Egito, que são amplamente estudadas e sobre a qual tanto se sabe, não conhecemos muito sobre os fenícios que, por serem comerciantes pragmáticos, deixaram poucos registros escritos e quase nenhuma literatura. Mas sabemos com certeza que os gregos tomaram emprestado o alfabeto fenício para compor seu próprio alfabeto, pois, além dos muitos indícios recolhidos por pesquisadores e estudiosos que nos afirmam isso, Heródoto (séc. V a.C.), o grande historiador grego, chamava o alfabeto de *"phoinikeia grammata"* que significa *"letras fenícias"*.

Foram os gregos que acrescentaram as vogais ao alfabeto fenício, ampliando suas possibilidades expressivas na transposição dos diversos sons, dando assim à voz humana uma presença preponderante na versão escrita da fala.

Antes do alfabeto totalmente fonético, a palavra escrita não tinha correspondência direta com a língua falada, tanto que uma determinada escrita com símbolos pictográficos ou ideogramáticos podia ser adotada por civilizações que falavam idiomas diferentes. O cuneiforme, por exemplo, foi utilizado por pelo menos quinze povos diferentes como língua escrita, justamente por não ter correspondência com a língua falada por estes povos. O mesmo aconteceu com a escrita chinesa antiga que foi adotada pelo Japão e pela Coreia, que escreveram durante séculos utilizando os ideogramas chineses, até o adaptarem a seu próprio idioma.

Na Coreia, por exemplo, a adaptação da escrita chinesa para um alfabeto local ocorreu com o início da dinastia Choson (1392-1910), cujo fundador Yi Songgye instituiu um novo alfabeto denominado *Hang'ul*.

Já no Japão, a escrita chinesa introduzida no século V continuaria em uso até o final do século X. Foram em caracteres chineses que a primeira história do Japão, o *Kojiki (registro de assuntos antigos)*, foi escrito em 712. No final do século X, a escrita chinesa foi substituída pelo *Kana* e foram nestes ideogramas *Kana* que as sofisticadas Narrativas de Gengi, escritas pela dama da corte Murasaki Shikibu, foram registradas. Nos 54 tomos desta obra escrita em 1010, se encontra a gênese da literatura clássica japonesa.

A apropriação de sistemas de escrita e alfabetos ocorreu muitas vezes nos tempos primordiais quando a linguagem escrita ainda estava em construção, mas foram os gregos que melhor souberam se apropriar, ampliar e fazer bom uso do alfabeto criado pelos fenícios, pois sua adoção possibilitou as versões escritas da Ilíada e da Odisseia de Homero, narrativas concebidas originalmente na forma oral e tudo o que os gregos antigos tinham para escrever.

Usando consoantes e vogais de forma combinada, os gregos fizeram o primeiro "mapeamento" dos sons relevantes de uma língua, levando sua expressão escrita a alcançar novos patamares e abrindo assim o horizonte para as grandes obras que legaram ao mundo.

O registro mais antigo de um texto em grego antigo escrito neste alfabeto data do ano 730 a.C. e foi a partir desta data que as grandes obras dos poetas, pensadores e escritores gregos puderam dispor de uma forma de escrita capaz de expressar a vasta amplitude de suas mentes, que nos legaram muito da filosofia, história, poesia, peças de teatro, mitologia, política, democracia, assim como tantos outros temas a que se dedicaram estes notáveis pensadores e que constituem uma das mais ricas obras escritas de todos os tempos e o arcabouço da cultura ocidental.

Conceitos como a *Democracia*, considerada pelos estudiosos como a grande contribuição vinda da Grécia antiga, influenciaram de forma definitiva o modo de vida que o mundo civilizado veio a adotar.

O alfabeto fenício transformado em grego antigo chega à Roma e daí se espalha pelo mundo como a escrita do império

Os estudiosos mencionam que o grego antigo desenvolvido a partir do alfabeto criado pelos fenícios provavelmente chegou à Itália através dos etruscos, um povo que habitou a região onde hoje está localizada a Toscana e que deixou em seus túmulos inscrições com símbolos semelhantes aos da escrita grega. Outros estudiosos, entretanto, afirmam que o alfabeto grego antigo foi introduzido na região por colonos vindos da Grécia e que ali

"A pequena felicidade" – trecho do "livro do travesseiro" escrito em Quioto entre os anos 994 e 1001 pela dama da corte imperial Sei Shônagon, relata os prazeres da escrita.

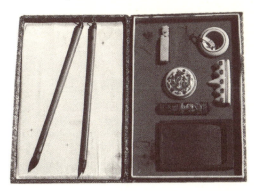

Trecho: "Quando estou muito irritada com o mundo, desgostosa, sem um momento de paz, consolo-me por completo ao me chegar às mãos papéis simples, alvíssimos e belos e um pincel de boa qualidade, e penso, afinal, que tudo está bem, acho possível viver por mais um tempo desta maneira".

se instalaram por volta do ano 770 a.C. Provavelmente tanto os gregos como os etruscos, cuja língua ainda permanece um mistério indecifrável, forneceram a porta de entrada para o alfabeto fonético grego na Itália e, junto com os colonos gregos, legaram este alfabeto aos romanos, que ocuparam a região a partir de 753 a.C., quando Roma foi fundada.

Adaptado do grego antigo, a mais antiga inscrição em latim (a língua original dos romanos) conhecida está gravada na pedra negra do fórum romano e ali foi escrita no segundo quarto do século VI a.C. Desenvolvida a partir do século III a.C., quando foi criado um alfabeto latino contendo inicialmente 19 letras (o X e o Y foram anexados provavelmente na época de Cícero no século I a.C.), a escrita romana em latim ocupou os monumentos espalhados por todo o vasto império que Roma formou, levando sua civilização e cultura aos povos anteriormente considerados bárbaros e que passaram a dispor, graças ao domínio romano, de um língua escrita. Foi em latim que os primeiros gauleses escreveram e também os demais povos incorporados ao domínio de Roma, pois foram a língua e a escrita do Império Romano que tiraram parte dos bárbaros desta condição.

O latim ganhou relevância graças ao poder do Império Romano e com ele alcançou um alto nível cultural cujo apogeu ocorreu no tempo de César quando Cícero, um dos mais notáveis oradores da antiguidade, produziu e nos deixou como legado uma série de textos que ainda hoje são lidos com interesse, assim como acontece com os textos de Virgílio, expoente da antiguidade clássica que deu ao latim uma alta expressão literária.

Segundo se conta, Cícero preparava e exercitava seus discursos em voz alta enquanto caminhava e contava para isso com a ajuda de seu fiel secretário Tiro que, para acompanhar sua fala e registrar seus pensamentos, desenvolveu uma forma rápida de anotar que, posteriormente, originou a taquigrafia. Tiro, assim como os demais romanos, utilizava uma pequena placa metálica recoberta com cera onde gravava as letras com a ponta de um estilete. Este estilete tinha o cabo em forma de espátula, que era utilizado para apagar o escrito na cera macia, permitindo corrigir o que foi escrito ou utilizar novamente a mesma placa. Dessa forma, a escrita tornou-se uma pratica cotidiana dos cidadãos letrados do Império Romano conforme podemos ver numa imagem encontrada nas paredes de Pompeia

O Império Romano expandiu seus domínios por um enorme território e sua administração passou a demandar cada vez mais ordens e instruções escritas levadas por mensageiros e oficiais de serviço.

O poder do império romano e sua grande expansão levou o latim aos territórios ocupados e fez dele a língua adotada pelas pessoas letradas. A crescente sofisticação artística e cultural dos romanos se refletiu em seu idioma e fez dele uma língua culta, adotada por intelectuais, governantes e o clero esclarecido.

mostrando uma dama romana com sua plaquinha de cera e o "estilus" que utilizava para escrever.

A difusão da escrita através dos patrícios, membros das classes dominantes e da alta administração do império, fez com que o latim se espalhasse por todo o vasto território dominado pelos romanos, pois a evolução do alfabeto latino permitiu que se representasse de forma completa todos os sons deste idioma, tornando fluente a transposição de todas as manifestações da cultura e do modo de vida que adotaram, seja nas artes como na administração pública de um império tão grande e espalhado pelo mundo, o que exigia documentos e correspondência permanente.

Esta correspondência mantinha o funcionamento do Estado, provia os suprimentos militares, transmitia ordens e permitia que as pessoas mantivessem sua rede de contatos pessoais, mesmo vivendo ou servindo o império em lugares remotos e primitivos. Um exemplo desta correspondência intensiva mantida pelos romanos foi encontrado na base militar romana que funcionou em Vindolanda ao longo muralha de Adriano na Inglaterra nos primeiros séculos da era cristã. Neste local, foram encontradas cerca de 2000 cartas e documentos, escritos em placas de madeira e gravadas com estilete em placas de cera, esta descoberta surpreendente nos permite conhecer a correspondência pessoal de gente comum e também documentos operacionais da base militar.

Este tesouro, encontrado num lugar tão remoto para a época (a muralha de Adriano, construída entre os anos 122-128, representava a fronteira extrema do Império Romano no norte), demonstra claramente a importância e a dimensão que a correspondência tinha para os romanos, pois até mesmo muitos dos soldados eram capazes de ler e escrever.

Mas sem dúvida o grande responsável pela ampla expansão e difusão do latim se deve mais uma vez, como nos mostra a história, à atuação e à presença da religião. Foi o cristianismo, que passou a ser tolerado oficialmente a partir do édito de Milão promulgado pelo imperador Constantino no início do século IV e, posteriormente, veio a ser adotado como religião dominante no Império Romano, que transformou o latim em língua sagrada da igreja católica e passou a utilizá-lo nas missas e rituais, levando-o para todas as regiões da Terra, onde seus missionários pregaram a palavra de Cristo. No Brasil, por exemplo, foi rezada em latim a primeira missa realizada por ocasião do

Ler e escrever tornou-se uma prática incorporada ao modo de vida das famílias romanas. O desenvolvimento de uma solução prática e eficiente para escrever, como a plaquinha com cera de abelha, demonstra a importância da escrita e a frequência com que era praticada, e não apenas pelas pessoas muito ricas ou aristocráticas.

As classes abastadas de Roma, assim como este magistrado e sua esposa, cultivavam as letras, tanto que ela fez questão de posar para o retrato com sua plaquinha de escrita e o stills que utilizava para escrever.
A evolução da cultura material do império, levou seus cidadãos a se tornarem mais educados, refinados e cultos, o que tornou a escrita algo indispensável em suas vidas.

descobrimento desta terra, ocorrido em 1500. A *palavra do senhor*, segundo seus missionários, continuou a ser pregada em latim até recentemente quando a missa passou a ser oficiada nas línguas locais dos diversos países onde o cristianismo foi adotado.

A igreja de Cristo desempenhou papel fundamental na difusão do latim, uma vez que, durante séculos, quem escrevia na Europa o fazia em latim e aprendia a escrever nas escolas cristãs conduzidas pelos padres e freiras que desde o início se dedicaram com afinco a esta atividade educacional.

E assim foi até o ano de 842, quando os netos de Carlos Magno escreveram o *"Juramento de Estrasburgo"*, que marca pela primeira vez a utilização de uma língua "vulgar" num documento oficial importante.

O latim era, portanto, uma escrita dominada principalmente pela igreja, seus membros e uma elite de pessoas letradas espalhadas pela Europa, mas os romanos o utilizavam regularmente e muitas pessoas do povo, como mostraram os soldados de Vindolanda, eram capazes de ler e escrever neste idioma.

Nos Scriptoriuns dos mosteiros uma arte serena ajudou a preservar os tesouros do conhecimento antigo

Os monges católicos recolhidos nos mosteiros da Idade Média não tinham o prestígio nem o poder dos escribas da Mesopotâmia ou do Egito, mas seu trabalho, nem por isso, era menos importante.

Foram eles os responsáveis por copiar os textos antigos e preservá-los para a posteridade, uma vez que os antigos escritos em papiro acabavam se deteriorando e com isso sua mensagem terminava perdida para sempre.

A conservação de documentos e textos antigos nas bibliotecas dos mosteiros e abadias era realizada de forma devotada e serena nos "scriptoriuns", onde eram copiados os textos, uma atividade que ganhou força graças à adoção do pergaminho como suporte para estes escritos em substituição ao tradicional papiro utilizado pelos antigos escribas.

Os monges que copiavam os textos da Bíblia escreviam anteriormente sobre rolos de papiro denominados "volumen" que, além de serem frágeis e desajeitados para se escrever e para ler, eram importados do Egito através dos árabes comerciantes notáveis que obtinham bom lucro com estas

No silêncio dos mosteiros, um trabalho árduo executado por monges abnegados, que copiavam livros, tornava acessível os tesouros culturais do passado e transformava o futuro com os conhecimentos que propagavam.

Os monges copistas deram uma grande contribuição à evolução cultural da Europa. Seu trabalho amplamente reconhecido é ainda difícil de ser mensurado, pois não se conhece toda a extensão do que produziram. Mesmo assim, podemos afirmar com certeza que foram os grandes operários do saber durante a Idade Média.

importações e, por isso mesmo, os papiros acabavam sendo muito caros. Além disso, o papiro permitia que se escrevesse em apenas um dos lados e chegou a faltar em várias ocasiões por causa de guerras e outros contratempos.

Trabalhar sobre folhas era muito melhor e mais fácil que escrever sobre rolos e, por todos estes motivos, o papiro foi sendo gradativamente substituído pelo pergaminho.

Originário de Pérgamo na Ásia Menor, sua origem é conhecida graças, novamente, aos gregos que o denominaram *pergamênê* que significa *"pele de Pérgamo"*. O pergaminho surgiu no segundo século a.C., quando o Egito se recusou a fornecer a seus rivais o indispensável material de suporte para a escrita, o que obrigou os escribas de Pérgamo a desenvolver uma alternativa em couro para servir de base a seus trabalhos. A utilização da pele de animais já era conhecida desde o antigo Egito, mas a facilidade de produção e a difusão do papiro fez com que seu uso permanecesse restrito aos documentos mais importantes e, portanto, não era tão difundida.

A adoção do pergaminho, favorecida pelo desenvolvimento da produção intensiva em Pérgamo, levou ao surgimento de uma versão ainda mais sofisticada de suporte, o *Velino,* um pergaminho de qualidade superior, feito da pele de bezerros recém-nascidos, do qual voltaremos a falar mais a frente, pois este suporte chegará até o final destas 4 histórias.

Superior ao pergaminho, o velino permitia, por absorver menos tinta, a obtenção de imagens mais nítidas, cuja cor se preservava viva por mais tempo, além de permitir a utilização dos dois lados da pele, sem dúvida uma grande vantagem.

Para os monges copistas, este material se mostrou extremamente adequado, inclusive para a inclusão de *"iluminuras"*, como são denominados os desenhos, ilustrações e traçados ornamentais que ilustravam as escrituras com imagens coloridas de grande beleza. O objetivo destas imagens era tornar mais bonitos e valiosos os textos onde eram aplicadas, ao mesmo tempo em que permitiam que estes copistas exercitassem sua arte, saindo ocasionalmente da monotonia do texto corrido.

Foram este monges que desenvolveram e elevaram ao estado da arte a caligrafia ocidental, com a qual passaram a produzir escrituras de beleza inigualável, que foram

A escrita sempre precisou de um suporte adequado e estes suportes foram se sucedendo ao longo do tempo. Primeiro foi a argila, depois o papiro, a plaquinha de cera, madeira, pedra e assim por diante.

O pergaminho apareceu quando o papiro faltou.

O pergaminho já era conhecido pelos antigos egípcios. Usar a pele de animais raspada e preparada para suporte da escrita não era novidade, mas os fabricantes de Pérgamo souberam perceber o momento em que ocorreu uma escassez do papiro para acelerar a produção e ocupar o espaço aberto pela necessidade.

Na imagem, vemos uma escritura antiga escrita em pergaminho.

Por ser mais flexível que o papiro e ser fornecido em folhas, não em rolos, o pergaminho propiciou a encadernação das folhas na forma de códices, os ancestrais do livro moderno.

O formato encadernado dos textos trazia muitas vantagens e logo haviam especialistas e oficinas voltadas à encadernação de obras escritas. O transporte, o manuseio e a guarda dos volumes foram favorecidos por este modelo de encadernação que prosperou passando a ser adotado na produção escrita desde então. Foi assim que o livro que você tem em mãos se consolidou como objeto.

preservadas justamente por seu valor artístico, tanto quanto o foram pelo valor do conteúdo que traziam.

A arte da caligrafia monástica evoluiu graças à combinação do pergaminho e do velino com a pena de ganso, que passou a ser utilizada no lugar dos antigos instrumentos de escrita, que não possuíam, como ela, a flexibilidade que proporcionava uma grande variedade de traços e a sutileza das linhas finas e grossas intercaladas que produzia.

Também contribuíram para a alta qualidade dos manuscritos medievais, as tintas à base de goma desenvolvidas para aquela finalidade, havendo o preto e o marrom para o texto corrido e o vermelho sanguíneo para os cabeçalhos, estas eram as cores mais utilizadas nesta época.

Produzir um manuscrito com muitas páginas era um trabalho tão demorado e dispendioso que com o tempo passou a demandar a participação de diferentes especialistas. Por esta razão, os *scriptoriuns* dos mosteiros passaram a dividir a equipe de trabalho por funções específicas: os ajudantes traçavam as linhas de guia, preparavam as páginas e cuidavam dos materiais; os copistas eram os letristas do texto, responsáveis pelo grosso da produção; enquanto os iluminadores se encarregavam de colocar os desenhos, iluminuras e ornamentos que embelezavam as páginas. Todas estas funções eram comandadas por um *scrittori*, geralmente um estudioso versado no latim e no grego que possuía formação elevada e atuava como editor.

Com isso, a produção se ampliou e textos maiores puderam ser produzidos sendo, nesta época, graças à combinação de todos estes fatores, que se teve a ideia de dobrar e costurar as folhas de pergaminho, formando um volume compacto que recebeu o nome de *códice*. Os códices são os ancestrais do livro moderno e engendraram uma nova arte, a da "encadernação", onde mestres encadernadores em oficinas especializadas passaram a dar tratamento mais elaborado aos manuscritos, fazendo com que eles pudessem ser carregados e lidos em todos os lugares, e não apenas nas bibliotecas, apoiados sobre suportes especiais para a leitura. A circulação dos textos aumentou com a difusão dos códices encadernados e a produção editorial começou a ser feita também por copistas e editores laicos, deixando de ser uma atividade quase que exclusiva da igreja.

A escrita de um outro mundo

A escrita europeia veio da antiguidade e passou por grandes transformações, mas a escrita chinesa seguiu uma linha contínua desde sua gênese.

Enquanto na Europa a escrita alcançava o apogeu, com seus códices de velino repletos da mais estilística caligrafia e com belíssimas iluminuras, no outro lado do mundo, uma escrita ideogramática, quase tão antiga quanto as escritas da Mesopotâmia, continuava sua milenar jornada rumo a posteridade.

Sem entrar no mérito da complexa estrutura da escrita chinesa que já foi objeto de amplos estudos realizados por linguistas de renome, nossa referência a esta escrita se deve apenas ao fato de ter sido nela que se produziu a primeira xilogravura, dando início a técnica de impressão que junto com o papel (que também surgiu na China) chegou até a prensa de Gutenberg. Portanto, ela aqui se encontra mencionada por fazer parte das 4 pequenas histórias que estamos narrando.

A China imperial era formada por um amplo território habitado por muitas etnias, cujos dialetos não eram inteligíveis para os demais. Esta dificuldade de comunicação fez com que a escrita se tornasse um importante fator de unidade política e cultural da nação e a "língua" oficial das sucessivas dinastias que comandaram a China por milênios.

Como todos os chineses alfabetizados, independente de seu dialeto étnico, conseguem ler os mesmos escritos, livros e documentos, e como a escrita chinesa mantém ainda a mesma estrutura original de ideogramas desde sua origem, não tendo sofrido as transformações por que passaram as escritas ocidentais, o povo chinês, graças a ela, sempre se sentiu parte de um mundo uno, perene e venerável.

A linguagem escrita não só proporcionou aos chineses uma cultura em comum como também ajudou a definir esta cultura de tal forma que um sábio chinês observou que a expressão *"wenhua"*, que significa *"civilização"* em

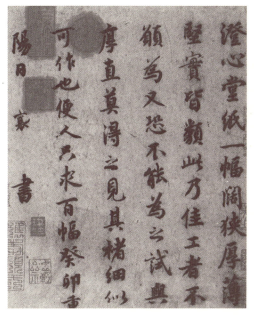

De ossos e cascos surge a primeira escrita chinesa. Escritos nos cascos de tartarugas e omoplatas de bois, os caracteres ancestrais desta escrita eram usados para leitura da sorte e adivinhações.

Diz a lenda que a escrita chinesa surgiu por volta de 1800 a.C. inspirada nas pegadas dos animais e nas marcas deixadas pelas garras dos pássaros, sem dúvida um início bastante poético para aquela que se tornaria a mais elegante das escritas caligráficas.

O povo chinês atual ainda lê basicamente nos mesmos ideogramas criados por seus ancestrais cinco mil e setecentos anos atrás, enquanto os ocidentais tiveram sua escrita substituída ao longo do tempo por versões fonéticas que utilizam letras e símbolos alfabéticos no lugar de símbolos picto ou ideogramáticos.

chinês, pode também ser interpretada como: *"a influência transformadora da escrita"*.

A lenda nos conta que a escrita chinesa surgiu por volta do ano 1800 a.C., quando Tsang Chieh, inspirando-se nas marcas das garras dos pássaros e nas pegadas dos animais, seguindo o que via na natureza, criou pictogramas elementares com imagens estilizadas que depois se desenvolveram na forma dos ideogramas que constituem a espinha dorsal desta escrita. A mais antiga escrita chinesa denominada *chiaku-wen*, que quer dizer *"osso e casco"* por ser escrita em cascos de tartaruga e omoplatas de bois, foi usada entre 1800 e 1200 a.C., principalmente para atividades místicas e oraculares.

A caligrafia, considerada na China uma arte maior e um dos pilares da cultura nacional, foi a responsável pela grande evolução da escrita, pois os escritos poéticos, os aforismos e ditados filosóficos ganharam reputação de obras artísticas produzidas em grande quantidade e afixadas por toda parte. Posters e painéis caligráficos se encontravam fixados nas paredes das repartições públicas e instalações imperiais, no comércio, nas escolas e residências e, por isso, o trabalho dos calígrafos ganhava destaque e alcançava grande valor. Saber escrever os lindos ideogramas de forma artística era algo que distinguia o cidadão e qualificava a pessoa, derivando desta prática a grande reverência desfrutada pela caligrafia e o elevado status alcançado por ela na cultura chinesa.

Graças ao prestígio que a arte de escrever alcançou na China, para ela afluíram muitos artistas que criaram uma grande diversidade de formas que, por sua vez, foi gerando variações na escrita, que acabaram ameaçando sua unidade, razão pela qual no reinado do imperador Huang Di (221-206 a.C.) ocorreu a unificação e consolidação de uma escrita padrão, cuja base perdura até os nossos dias. Esta unificação era necessária, mas não foi pacífica, uma vez que houve reação e atos de violência foram praticados contra eruditos contrários a esta uniformização forçada por decreto imperial.

A resistência à mudança levou a grandes queimas de escrituras e livros considerados subvertedores da ordem proferida, dando início a uma prática nefasta, repetida muitas vezes ao longo da história, sempre que o que estava escrito contrariava o poder dominante do momento.

Os governantes sempre temeram a escrita por reconhecerem o poder de sua influência sobre as ideias e o imaginário do povo e, conforme foi amplamente demonstrado

A caligrafia se tornou na China uma arte reverenciada por sua elevada qualidade artística. Os ideogramas chineses conseguem expressar conceitos de grande simbolismo poético e filosófico e, por esta razão, alcançaram a admiração e o respeito do povo.

Os chineses usam os ideogramas como talismãs porque eles trazem dentro de si a energia daquilo que simbolizam. A este ideograma que expressa a "longevidade" é atribuído o seguinte comentário: "Quando se tem felicidade, é preciso uma vida longa para aproveitá-la". O ideograma da longevidade representa o fluxo da energia vital, sinônimo de saúde.

ao longo dos séculos, eles tinham razão em temê-la, pois não são poucos os textos publicados em livros que desencadearam movimentos sociais, derrubaram reinos e governos, promoveram revoltas, dividiram a igreja de Roma, abalaram crenças profundas e instrumentalizaram revoluções em várias partes do mundo.

Assim como ocorreu na China com a unificação da escrita promovida pelo imperador Huang Di, também na Europa ocorreu uma mudança na forma de escrever, fruto da ação de um soberano, pois foi no reinado de Carlos Magno que uma nova caligrafia de grande beleza estética se espalhou pelo continente no bojo do que veio a ser conhecida como a *"restauração Carolíngia"*.

A caligrafia europeia encontra o caminho que a levou até a prensa de Gutenberg

Para se escrever, não basta conhecer os sinais e os símbolos de um alfabeto, é preciso saber desenhar as letras uma vez que a escrita é um desenho.

Desde a introdução do alfabeto grego na Itália e sua adaptação pelos romanos a sua língua, o latim, o desenho das letras se tornou o que podemos chamar de *"expressão de uma época"* e pode, por sua identidade visual característica, associada às demais manifestações artísticas, revelar o período em que foi escrita.

A Europa do período em que Carlos Magno reinou escrevia em latim. O alfabeto latino, criado no século III a.C. e utilizado pelos romanos, dispunha apenas de letras maiúsculas (lapidárias) para escrever nas pedras e monumentos e de letras maiúsculas em tamanho menor, com a forma mais arredondada, para textos escritos em papiro, placas de cera e outros suportes. As *Capitulares Monumentais* romanas, como as que estão gravadas na coluna de Trajano em Roma, são até hoje consideradas exemplo soberbo da elegância refinada deste tipo de letra e são as ancestrais de todos os tipos "serifados" ainda hoje utilizados.

Os romanos criaram as formas básicas das nossas letras e nos legaram o caminho que foi seguido pelos demais europeus na evolução da forma de escrever. A princípio, a escrita romana desenvolveu uma versão mais comum e simplificada de seus caracteres que passou a ser utilizada na

Letra é antes de tudo um desenho. Para escrever com boa caligrafia, é preciso desenhar as letras de forma caprichosa. Era a isso que se dedicavam os calígrafos que escreviam os textos e copiavam os livros no início da Idade Média.

Cada tipo de letra tem sua personalidade própria, que expressa sua época e as preocupações artísticas vigentes, pois a caligrafia é essencialmente uma arte que trabalha com tinta, penas e pincéis.

Até chegar a prensa de Gutenberg, o desenho das letras europeias partiu da pedra com as lapidares romanas até chegar na letra gótica, que foi por ele utilizada.

Os romanos criaram e nos legaram a forma básica das letras que a Europa passou a utilizar. As unciais e semi-unciais fizeram a arte da escrita ganhar as guias que organizaram as linhas e as páginas.

SUNUSINTERUOSÇISTER

quemmrcædeιllodιχιτit fτquraeτpacuτroqmιnoηe

As semi-unciais são as ancestrais das letras minúsculas que utilizamos hoje, as astes superiores e inferiores criam um "skyline" na linha, que faz a leitura fluir melhor. Não sabemos se eles percebiam isso naquele tempo, mas o resultado que obtiveram com este tipo de letra fez a leitura ser muito mais fácil e eficiente.

vida cotidiana, mas a primeira grande mudança no desenho das letras e na forma de escrever ocorreu no final do século III com o surgimento da escrita *"uncial"*, que recebeu este nome por seus caracteres serem escritos entre pautas que tinham entre si a distância de uma *"uncia"*, que equivalia a cerca de uma polegada. A letra *uncial* era mais arredondada e seu desenho proporcionava uma escrita mais rápida e fluente, razão pela qual foi amplamente adotada pelos povos colonizados pelos romanos, permanecendo em uso por muitos séculos, principalmente em sua versão *semi-uncial*, que utilizava, além das maiúsculas da *uncial*, letras minúsculas com astes subindo e descendo na vertical em relação ao corpo da letra, como acontece com as letras "b" e "p", por exemplo.

A *semi-uncial* era escrita sobre uma pauta de quatro linhas para acomodar no centro o corpo da letra e nas superior e inferior demarcar o final das astes ascendentes e descendentes, enquanto a versão *uncial*, por ser formada apenas por maiúsculas, era escrita entre duas pautas.

Estes dois tipos de letra, especialmente a *semi-uncial*, eram as preferidas dos escribas medievais e predominaram até o século VIII, quando Carlos Magno subiu ao trono em 768.

Durante o reinado deste que foi o maior soberano de sua época, surgiu um novo tipo de letra de formas mais claras e perfeitas, cuja beleza impressionou de imediato todos aqueles que valorizavam a clareza e a beleza na escrita. A escrita *"carolíngia"* se propagou rapidamente pela Europa e foi utilizada nos séculos seguintes, estimulada não só por suas qualidades estéticas, mas também pelo movimento de restauração dos textos antigos promovido por Carlos Magno, que ordenou a produção de cópias novas, escritas com maior esmero e utilizando fontes originais para resgatar a autenticidade de obras importantes, cujo conteúdo havia sido adulterado por sucessivos erros transmitidos e aumentados de cópia para cópia anteriormente realizadas por monges, cuja cultura muitas vezes deixava a desejar.

Os manuscritos que foram normalizados pela *restauração carolíngia* passaram a receber a citação: *"ex authentico libro"* como garantia de uma transcrição fiel a obra original da qual foi copiado.

Este movimento fez com que os textos re-copiados adotassem as letras *carolíngias* em sua nova versão escrita, difundindo amplamente este tipo de letra por todo o território onde a cristandade estava presente.

Como podemos notar, o desenho das letras não se prende a uma mera questão estética, mas está ligado a sua época, sendo, portanto, uma expressão deste período, exatamente como ocorre com a pintura e as demais artes. À *restauração carolíngia* seguiu-se o movimento *gótico* com suas catedrais imponentes, onde os desenhos dos arcos ogivais de suas colunas e abóbadas e dos arcos partidos de suas janelas encontraram perfeita correspondência nas formas que inspiraram o surgimento da letra *gótica*.

As letras *góticas* foram adotadas não só por serem decorrência do estilo dominante na época, mas também pela facilidade com que podiam ser escritas com a nova forma de se cortar a pena de escrever, que passou a adotar um talhe oblíquo *"em bisel"*, que aumentava o contraste entre o traço grosso e o fino. Além disso, as letras *góticas* ocupavam menos espaço que a *carolíngia*, o que representava economia de algumas páginas no final de um texto longo, e foi por estas razões que, a partir de meados do século XII até o início do renascimento no século XIV que a letra *gótica* permaneceu em evidência, sendo amplamente utilizada.

Como expressão de uma época, a letra gótica foi naturalmente substituída pela letra *humanística*, o tipo de letra que expressava melhor os valores e as características de um novo movimento cultural que iniciava na Itália e que rejeitava as formas retas e duras da letra gótica em favor de um desenho de formas mais arredondadas e menos estreitas, a letra que seria uma das expressões do renascimento que se iniciava na Europa.

Embora a letra *humanístisca* tenho sido a mais amplamente adotada após o advento da imprensa, não foi nela que Gutenberg imprimiu seu primeiro trabalho, pois sua famosa Bíblia Latina utilizou a letra gótica alemã.

Foi este tipo de letra, expressão de um mundo que terminava, dando lugar ao renascimento cuja onda cultural começava a varrer da Europa os restos de um passado medieval, que Gutenberg utilizou, uma vez que suas pesquisas com a impressão tipográfica haviam começado vinte anos antes da impressão que executou.

Mas esta já é uma outra história, a que vamos narrar mais a frente, pois antes ainda precisamos contar como a gravura deixou a China da dinastia Tang (618-907) e caminhou até a cidade de Mainz, na Alemanha, para se encontrar com o papel, a letra gótica e os tipos metálicos.

Uma nova inclinação no corte da pena de escrever, que recebeu um corte oblíquo, fez surgir a letra gótica, cujo desenho, além de estar em sintonia com o movimento cultural dominante em sua época, era mais fácil de escrever e economizava espaço.

Economizar algumas páginas no final de um livro escrito à mão era uma benção para os copistas da Idade Média. Este novo desenho de letra aumentou a velocidade de produção, o que contribuiu para a maior difusão das ideias e o consequente aumento do interesse pela leitura, gerando um aumento da demanda, que por sua vez acabou incentivando a busca por formas mais eficientes de produzir mais livros.

2. PEQUENA HISTÓRIA DO PAPEL

PEQUENA HISTÓRIA DO PAPEL

INTRODUÇÃO

Numa China imperial dominada pela dinastia Han, a escrita encontra aquele que se tornaria seu suporte ideal

O papel foi o suporte que recebeu a maior parte das ideias luminosas que mudaram os rumos da humanidade, abrindo novos horizontes e exercendo influência benéfica nos destinos dos homens.

Uma humilde folha de papel pode receber um tesouro valioso na forma de poesia, teatro, filosofia, desenhos, ciência, literatura e um número infinito de ideias que os homens sabem criar.

Desde sua origem, o papel foi assumindo crescente importância nas sociedades que o adotaram, servindo em funções tão variadas como anotar para não esquecer, ordenar ações militares e administrativas, prescrever leis, ensinar as crianças, ser moeda de troca, contar histórias, conter orações e selar a paz.

A história do papel descrita nos livros é bastante fragmentada, variando muito conforme a abordagem e até mesmo o humor de seus autores.

Mas deixaremos para lá estas discrepâncias, pois o que nos interessa aqui é acompanhar a jornada do papel pelos caminhos tortuosos que o levaram de seu nascedouro na distante China imperial até a cidadezinha de Mainz, na Alemanha, onde recebeu as páginas da famosa Bíblia Latina de 42 linhas impressa por Johannes Gutenberg. Interessa-nos principalmente acompanhar como o papel se juntou às outras três histórias que compõem este livro (a escrita, a gravura e a imprensa) para formar a plataforma definitiva que suportou desde então a acumulação e a difusão do conhecimento da humanidade.

Foi sobre o papel impresso que os grandes luminares da cultura ocidental publicaram suas ideias, foi sobre ele que o homem compilou o conhecimento até então existente e as obras que foram resgatadas do passado, trazidas até o presente pela argila, a pedra, o papiro, os pergaminhos, a madeira e outros suportes.

Todos os relatos preservados das antigas civilizações acabaram traduzidos para o papel e é nele que se encontra hoje aquilo que sabemos sobre os povos antigos e seu legado.

Nossa jornada começa no distante ano de 2700 a.C. Foi nesta época que a escrita chinesa consolidou um sistema coerente de símbolos que a tornou funcional e duradoura. Este trabalho de consolidação foi realizado por Wang Chieh cujo nome só é conhecido porque os símbolos ideogramáticos que deram a escrita chinesa sua forma estrutural perduram até nossos dias. E com eles seu nome foi escrito na história, pois os chineses atuais ainda leem em sua escrita original, criada há quase 5 milênios.

Os ideogramas como são chamados os caracteres da escrita chinesa não representam letras ou palavras, mas sim *"imagens"*, cujo significado costuma ser de um simbolismo bastante amplo e interpretativo, o que constitui um grande desafio para os tradutores deste idioma.

Com seu rico desenho composto por traços gestuais livres, o ideograma recebeu muito bem o pincel e fez dele seu instrumento de escrita por excelência.

Traçar os bonitos ideogramas a pincel com a famosa tinta da china sobre as folhas de papel tornou-se uma arte cultivada e admirada tanto pelos dignitários imperiais como pelas pessoas comuns, o que levou ao florescimento de uma caligrafia que veio a alcançar o status de grande arte cultural que influenciou a pintura, a poesia e as demais artes da China.

Em seu início, a primitiva escrita chinesa foi gravada sobre cascos de tartaruga, omoplatas de bois, ripas de bambu e outros suportes que, embora limitassem sua rica expressão visual, permitiram que a versão escrita deste idioma evoluísse até que a busca por um novo suporte, que acolhesse melhor a tinta aplicada a pincel, se tornasse um imperativo de estado. A busca por novos suportes, que trouxessem benefícios em relação aos anteriormente disponíveis, foi constante entre todos os povos que tinham na escrita uma fonte importante para o funcionamento de sua sociedade e na China da dinastia Han, essa busca foi ainda mais intensa.

A escrita chinesa, que já existia há mais de 2500 anos, ainda estava em busca de um suporte ideal, pois, ao longo do tempo, ela havia se beneficiado de um conjunto de fatores que a tornaram única e duradoura como nenhuma outra forma de escrita original criada pelo homem. Sua espantosa longevidade se deve justamente à combinação deste conjunto de fatores benéficos.

Beneficiaram a caligrafia chinesa os *ideogramas* que são imagens com desenhos gráficos abstratos visualmente muito ricos, como também a criação da Tinta da China, como ficou conhecida esta tinta feita de carvão calcinado e goma, que, uma vez diluída em água, fornece um líquido que é, ao mesmo tempo, intenso, transparente e forte em cobertura, o que torna sua aplicação, fluente o suficiente para permitir traços rápidos e precisos que se fixam de forma permanente. A formulação da *"Tinta da China"* é atribuída a Tian Zhen durante o reinado do mítico imperador Huang Di (2697-2597 a.C.).

A caligrafia com pincel e tinta nanquim recebeu do papel um suporte luxuoso e em breve os dois juntos haviam criado uma arte admirada e ocupado todos os espaços na administração imperial.

A combinação da tinta da China, do pincel de pelos e do papel gerou uma plataforma de comunicação sem igual. O papel em função disso se tornou um bem precioso que o império tratou de aperfeiçoar e produzir em grande escala.

A junção do desenho inspirador dos ideogramas com a *Tinta da China* e o pincel proporcionou o desenvolvimento de uma caligrafia artística sem igual, que veio a ganhar asas com o auxílio luxuoso do papel, o suporte que esta caligrafia há tempos vinha pedindo aos céus. Este suporte surgiu quando Ts'ai Lun, um funcionário do governo que havia sido nomeado para a guarda imperial pelo imperador Chien Ch'u, se tornou por ordem do novo imperador Ho Ti, diretor das oficinas imperiais, departamento dedicado à produção de textos, ordens e escritos oficiais. Nesta função, Ts'ai Lun se dedicou com afinco à busca de um novo suporte, que pudesse trazer benefícios ao processo da escrita e ao trabalho realizado naquelas oficinas.

Sua busca alcançou o sucesso quando finalmente conseguiu chegar a uma solução que abria novas possibilidades expressivas para a escrita e a caligrafia chinesas. Apontado por diversos historiadores, o ano 105 da nossa era é considerado o marco inicial da história do papel, pois foi neste ano que Ts'ai Lun apresentou ao imperador um relatório completo descrevendo o processo de fabricação da sua nova invenção.

A busca de suportes para a escrita foi sempre uma atividade que mobilizou os esforços de homens inteligentes e sagazes que criaram ao longo do tempo soluções engenhosas, como o papiro, o pergaminho, a placa de cera, o velino e a placa de argila cerâmica, ancestral de todos os suportes, que recebeu a primeira escrita criada pelos sumérios na Mesopotâmia.

O papel, feito de fibras vegetais, se revelou ao longo do tempo, tanto do ponto de vista econômico quanto do ponto de vista técnico, a melhor alternativa para se escrever e imprimir, mas sua jornada teve um início modesto que o obrigou a caminhar devagar ao longo dos 1300 anos que levou para percorrer a distância da China até a Alemanha, onde recebeu finalmente a impressão com os tipos móveis metálicos criados por Gutenberg.

A história nos conta que Ts'ai Lun confeccionou as primeiras folhas de papel utilizando diversos materiais, incluindo velhas redes de pesca descartadas pelos pescadores por estarem deterioradas pelo tempo e pelo uso. Para o leitor atual, esta informação pode surpreender, pois fazer papel com redes de pesca não é uma coisa plausível, por isso vale lembrar que na China do século II, as redes de pesca eram tramadas com fibras naturais, principalmente

Após anos de busca perseverante com muitos ensaios e tentativas, o papel nasceu nas oficinas imperiais da Dinastia Han na China e de lá alçou um voo magnífico que o levou a todos os cantos do mundo.

Ts'ai Lun, o funcionário imperial, diretor das oficinas, apresentou ao imperador um relatório sobre o processo de confecção do papel. Por ser um oficial da corte que ocupava um posto importante, seu nome aparece na história como o criador do papel, uma invenção que integra, juntamente com a pólvora, a bússola e a impressão, as quatro grandes contribuições que a China deu ao mundo.

de cânhamo, que com o tempo e o desgaste se tornavam esfarrapadas, o que acabava por facilitar o trabalho de decomposição das fibras para transformá-las na pasta base do papel primitivo confeccionado inicialmente. Um fato surpreendente que podemos observar em ação neste procedimento inicial executado por Ts'ai Lun é o princípio da *"reciclagem"*, pois ele aproveitou um material existente que havia cumprido sua função original e sido depois disso descartado pelos pescadores para transformá-lo em outro com nova finalidade. O papel já nasceu, assim, *"reciclado"* a partir de algumas redes de pesca desgastadas pelo uso. O mesmo se pode dizer dos trapos e peças de tecido descartadas que também foram utilizadas nesta fase inicial da fabricação do papel, pois, sem dúvida, até chegar ao resultado final apresentado ao imperador, uma série de testes com diversos materiais diferentes foi empreendida. Desde então, a criação que surgiu nas oficinas imperiais da dinastia Han veio se popularizando e foi atravessando as diversas dinastias que se seguiram, permanecendo um segredo guardado no interior da China por muitos séculos até iniciar a longa viagem que a levaria às terras distantes da Arábia e depois até a Europa.

Fazer papel não é assim tão complicado, o princípio básico de sua fabricação é a desintegração das fibras vegetais e, posteriormente, da madeira para desagregar sua estrutura, soltando as fibras que a compõem e transformando-a numa pasta que, uma vez diluída em água, para que as fibras se soltem ainda mais umas das outras, resulta numa solução aquosa, cheia de fibras dispersas, que é então colocada numa peneira com uma trama bem fina, de forma a deixar passar a água retendo apenas as fibras.

As fibras peneiradas tendem a se entrelaçar livremente formando uma folha, que depois é colocada para secar, originando assim o papel. Ao longo do tempo, a forma de executar este procedimento para se obter o resultado final foi mudando, tanto pela disponibilidade da matéria-prima que variava bastante de um lugar para o outro, como pela forma de dispersar as fibras, que podia ser simplesmente mecânica com o esmagamento da madeira ou das plantas com o auxílio de pedras, pilões ou martelos para "quebrar" as fibras, ou podendo utilizar também o cozimento para ajudar neste processo e até mesmo contar com a adição de dispersantes de diversos tipos que ajudavam as fibras a se soltarem melhor. O primeiro destes dispersantes foi também descoberto pelo pioneiro Ts'ai Lun, que utilizou uma

O papel nasceu de um processo de reciclagem. A história nos conta que Ts'ai Lun utilizou velhas redes de pesca descartadas pelos pescadores para fazer suas primeiras produções experimentais.

Naquela época, as redes de pesca eram confeccionadas com fibras vegetais e, com o tempo e o uso, iam se desgastando até ficarem inutilizáveis. O desgaste das fibras destas redes favorecia sua dispersão no processo de elaboração da pasta base utilizada na confecção das folhas de papel, por isso o resultado obtido com este material foi tão bom.

A partir de materiais simples e processos rudimentares de fabricação, o papel dá os primeiros passos na longa jornada que o levaria através dos árabes até a Europa medieval.

Peneiras feitas de rami, cascas de amoreira, dispersantes naturais e muito trabalho braçal eram necessários para se produzir uma folha de papel. Com o tempo, novos processos e materiais foram sendo adicionados conforme a demanda por este produto crescia vertiginosamente.

espécie de quiabo selvagem de nome científico "Abelmaschio manihot" encontrado na China. Consta também que a cal foi utilizada para ajudar no entrelaçamento das fibras neste período inicial de testes, onde muitas soluções foram tentadas em busca de melhorias no processo de fabricação. O procedimento utilizado na China para se fabricar papel era simples. As fibras naturais que podiam ser aproveitadas das cascas de amoreira, cânhamo, linho e outros materiais afins, eram maceradas, dispersadas em água, cozidas para que as fibras melhor se soltassem e podiam ainda receber alguns ingredientes adicionais que ajudavam neste processo, como é o caso do quiabo utilizado por Ts'ai Lun. Sabemos que o melhor papel daquele período era feito de linho.

Para a formação de uma folha perfeita era necessária uma boa peneira e as que foram utilizadas naquela época eram revestidas de bambu e tinham uma fina trama de rami. Uma vez retirada a água e formada a folha, esta era colocada para secar num varal ou sobre uma superfície aquecida. Algumas informações nos dão conta de que muros aquecidos por fornalhas foram utilizados como suportes para a secagem das folhas.

Assim se obtinha uma folha de papel que, depois de alisada e tratada, servia perfeitamente para a aplicação da tinta *"nanquim"* com o auxílio de finos pincéis de pelos de animais, até hoje presentes nos kits de caligrafia chinesa.

Graças à caligrafia com pincel que se tornou uma arte reverenciada na China imperial, o papel ganhou grande importância e sua fabricação prosperou

Foi sem dúvida a caligrafia chinesa, por sua grande expressividade e beleza, o fator determinante para o sucesso inicial do papel, cujas versões feitas em linho se revelaram um sofisticado suporte para aquela arte poética considerada pelos chineses uma das expressões máximas de sua cultura.

Poemas e ensinamentos filosóficos, como os aforismos de Confúcio e as mensagens deixadas pelo mestre Lao T'sé em seu livro *Tao Te king*, eram escritos em lindas caligrafias e se transformavam em obras de arte que adornavam as paredes dos palácios, mas também das escolas, residências, mosteiros e estabelecimentos comerciais. Ou seja, por toda parte se viam as escrituras que funcionaram como o verdadeiro elo de ligação entre o povo chinês, que por ser composto por diversas etnias e falar várias línguas diferentes, encontrou na escrita ideogramática (que não corresponde aos sons da fala) a melhor forma de se comunicar e manter sua unidade nacional. A escrita chinesa ajudou a unir um imenso território sob um governo central cuja administração dependia fundamentalmente da comunicação escrita e precisava do papel para reproduzi-la em grande quantidade, fazendo chegar até as províncias mais distantes e a todo o território chinês as ordens, as leis e os decretos que faziam o império funcionar. Sem o papel e a escrita, o império não conseguiria manter sua unidade e não poderia funcionar numa escala tão grande como a que alcançou.

Por isso, a dedicação e empenho das oficinas imperiais em desenvolver um suporte que servisse a esta função.

A arte, a cultura, a educação, a administração e a atividade comercial dependiam cada vez mais do papel e sua produção, desde o princípio, foi uma atividade estratégica controlada rigidamente pelo Estado. O governo chinês manteve desde o início a produção de papel como um dos segredos mais bem guardados do império, pois assim se evitava que ele se difundisse fugindo de seu controle.

A importância e o valor do papel como instrumento de Estado só fez crescer até chegar a um ponto em que ele se transformou num valor "em si". Isto aconteceu durante a dinastia Tang, que governou a China entre 618 e 907, quando ocorreu uma grande escassez de cobre que acabou limitando a produção de moedas que eram confeccionadas com este metal. Graças ao reconhecido valor alcançado pelos papéis oficiais, cuja credibilidade ninguém ousava colocar em dúvida, foi possível imprimir (a impressão, a terceira das nossas 4 histórias, já havia sido criada na China) as cédulas do dinheiro de papel que circulou no império chinês por sete séculos e meio.

O fato de uma nota de papel ter valor de troca era algo impensável, pois até aquele momento, os metais, principalmente a prata e o ouro, mas também o cobre e o bronze, eram os únicos reconhecidos como tendo valor de lastro, podendo assim, por seu valor intrínseco servir de mediador nas trocas de bens e mercadorias.

Os chineses foram o primeiro povo a imprimir papel moeda e utilizá-lo como dinheiro corrente em seu território. Foram também os primeiros a experimentar o perigo de se utilizar dinheiro sem lastro ou correspondência em valores

O correio imperial percorria todos os territórios entregando mensagens e ordens escritas. Não havia outra forma de governar um império tão grande.

O papel foi decisivo para manter unido e funcionando, segundo um governo imperial centralizado, uma região tão grande habitada por povos de diversas etnias que falavam dialetos incompreensíveis. Por não ser fonética, mas ideogramática, a escrita chinesa podia ser lida por todos e as ordens escritas podiam então serem acatadas.

A credibilidade do que estava escrito em papel era tão alta que, num determinado momento, quando houve falta de cobre para confeccionar as moedas, o papel assumiu a função de nota com valor de face. Surge assim, o papel moeda.

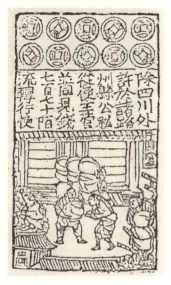

O império chinês manteve rigoroso controle sobre a fabricação e a utilização do papel que nasceu oficial e assim permaneceu por bom tempo cumprindo funções na burocracia do Estado. Como sempre conduziu documentos e informações importantes, o povo naturalmente atribuiu a ele a seriedade que, transformada em credibilidade, permitiu que o papel fosse aceito no lugar das moedas, mesmo não tendo valor lastreado no metal.

reais e efetivos que o sustentassem. Imprimir dinheiro de papel passou a ser uma prática muitas vezes abusiva por parte de governantes, que não resistiram a tentação de cobrir seus gastos exagerados utilizando este expediente. Desta maneira, a inflação e a consequente perda da credibilidade no dinheiro de papel não tardaram a aparecer e seu descrédito chegou a tal ponto que a dinastia Ming (1368-1644) decretou em 1455 o fim destas práticas nocivas com a proibição do uso do dinheiro de papel.

Apenas dois séculos depois o papel moeda voltaria a ser impresso e utilizado na China, banido que foi, durante 200 anos, para que o povo perdesse a memória do desprestígio e da desconfiança que haviam decretado seu fim.

Uma das coisas que muito impressionou Marco Polo, o jovem Veneziano que protagonizou aquela que se tornaria um ícone das grandes viagens de descoberta, foi a utilização do papel moeda no reino de *Cublai Cã*, onde chegou em 1272, mas para contar este episódio, primeiro precisaremos mencionar a *Rota da Seda* e o início da difusão do papel pelo mundo.

A Rota da Seda foi o caminho por onde chegaram ao ocidente as 4 grandes invenções que a China deu ao mundo. Uma delas foi o papel que tanto fascinou Marco Polo.

A seda era uma das mais características e valiosas riquezas produzidas pela China e a mais procurada pelos numerosos comerciantes que operavam nos diversos caminhos terrestres que cruzavam a Ásia Menor formando uma rota que foi devido a ela denominada *Rota da Seda*.

O mais importante destes caminhos partia de Changan (atual Xi'an) uma antiga capital imperial onde, nos conta a lenda, vivia a imperatriz Xiling Shi, esposa do lendário imperador Huang Di, o *imperador amarelo (2697-2597 a.C.)*. Foi ela que recolheu um casulo enquanto passeava pelos jardins do palácio e ainda estava brincando com ele durante o chá quando o deixou cair sem querer numa xícara com o líquido fumegante. Ao tentar retirar o casulo do chá, o calor da bebida fez soltar um fio interminável que lhe revelou o segredo de um dos maiores tesouros que a China veio a possuir.

Partindo de Changan, a *Rota da Seda* seguia pelo corredor de Ganzu, que corria paralelo a Grande Muralha, de onde bifurcava para uma rota mais ao norte, que seguia para Turfan, e outra mais ao sul, que seguia até Dunhuang. A rota que mais nos interessa é a que segue ao norte, pois foi por ela que passou o papel. A rota do norte seguia pelo planalto do Tibete, cruzando o Pamir e passando por Samarkanda no Uzbequistão, atravessando depois ao sul do mar Cáspio até a Anatólia e chegando a Constantinopla de onde era embarcada e seguia por mar pelo Mediterrâneo até Veneza e Gênova de onde os produtos da Rota da Seda se espalhavam por toda a Europa.

Esta rota esteve ativa entre os anos 100 a.C. até aproximadamente o ano de 1500 da nossa era e foi por ela que os irmãos Polo e o jovem Marco chegaram até a corte de Cublai Cã.

Marco Polo (1252-1324) pertencia a uma tradicional família de mercadores originários da Dalmácia, mas que há gerações viviam em Veneza. Era filho de Nicola Polo, cujo irmão mais velho, Marco Polo "O Velho", possuía uma importante casa de comércio em Constantinopla, cidade onde desembocava por terra a Rota da Seda e que era dominada naquela época pelos duques e mercadores de Veneza. O estabelecimento comercial da família Polo tinha um posto avançado em Soudak, na Crimeia, e foi deste ponto que os dois irmãos de Marco Polo "O Velho", Nicola e Mafeu, tiveram contato com os mercadores que operavam na Rota da Seda e empreenderam com a ajuda deles sua primeira viagem até aquelas terras distantes governadas pelo Grande Cã, muito longe da Ásia Menor e praticamente desconhecidas pelos europeus.

Em sua segunda viagem à China, que durou de 1271 até 1287, os dois irmãos levam com eles o jovem Marco, que tinha apenas 17 anos quando os três partiram de Veneza.

A fascinante história com o relato feito por Marco Polo das maravilhas que encontrou no Oriente chegou até nós graças ao período que passou prisioneiro dos genoveses e ao relato que fez a seu colega de cela Rusticiano de Pisa, que escreveu as informações ditadas a ele por Marco e que vieram a ser mais tarde transformadas em *"O Livro das maravilhas"*, que narra em detalhes a viagem que inspirou desde então os grandes viajantes que o mundo veio a conhecer.

A caravana do Polo, vista aqui numa imagem da Idade Média, segue para a corte do grande Cublai Cã, uma viagem lendária que legou ao Ocidente as primeiras maravilhas da China.

A importância da viagem icônica de Marco Polo se deve principalmente às maravilhas que descreveu no livro que escreveu quando voltou. Este livro, escrito no início do século XIV, tornou-se um "best-seller" imediato e, milagrosamente, fez com que seu relato chegasse até nossos dias. Marco Polo foi provavelmente o primeiro europeu a conhecer o papel, o papel moeda e a impressão xilográfica, temas abordados neste livro.

Os tecidos de seda encantavam o mundo por sua beleza requintada, pela suavidade de seu toque e pelas lindas estampas que os adornavam.

A Rota da Seda foi o caminho através do qual o Oriente e o Ocidente se uniram.

Mercadores com suas caravanas percorriam os caminhos da Rota da Seda em busca desta preciosa mercadoria que só a China produzia. Na esteira destas caravanas, transitaram a cultura, os costumes, a arte e o conhecimento.

A Rota da Seda junto com a Rota das Especiarias constituíram as mais importantes rotas de comércio até a metade do segundo milênio e, por causa delas, as navegações e um mundo de conhecimento foram trocados entre os povos.

Foi pela Rota da Seda que o papel chegou ao mundo árabe e dali, para a Europa.

Este relato, assim como muitos outros que teriam se perdido na história, só foi preservado e veio a se tornar conhecido graças à sorte e a ação da providência que o colocaram numa situação inusitada quando, envolvido na guerra contra os genoveses, rivais dos venezianos na disputa pelas rotas do comércio no Mediterrâneo, acabou aprisionado por estes últimos. Por ter narrado a seu companheiro de cela as maravilhas que conheceu e graças ao relato escrito que produziram, sua viagem passou a habitar desde então o imaginário de todos aqueles que sonhavam com as grandes expedições e descobertas.

Marco Polo foi provavelmente o primeiro europeu a conhecer a aplicação do papel como unidade de valor monetário, mas a descrição que fez sobre o uso do papel moeda não impressionou as autoridades que o ouviram. Na verdade, Veneza não acreditou no relato que ele fez sobre as maravilhas que encontrou na China, consta que o padre que o confortou no leito de morte perguntou se ele não gostaria de se arrepender da mentiras que havia contado, ao que Marco respondeu: *"não lhes contei metade das maravilhas que vi"*.

Desta forma, perdeu-se muito do conhecimento trazido por uma pessoa fascinante, que vivenciou uma experiência extraordinária e presenciou coisas que muito bem poderiam ter sido mais bem aproveitadas pelos europeus se tivessem recebido crédito.

Foi pela Rota da Seda que o papel chegou a Europa num longo percurso que cruzava o coração da Ásia indo até a costa oriental do Mediterrâneo, mas bem antes de chegar ao continente europeu, o papel, partindo de Changan e seguindo a Rota da Seda no rumo do oriente, alcançou a Coreia e o Japão por volta do ano 600. Estes dois países estavam na esfera cultural da China e utilizavam os ideogramas chineses em sua escrita. Alguns dos mais antigos exemplares de escrituras feitas em papel na Coreia e Japão datam de meados do século VII.

Já na direção do Ocidente, o papel seguiu no rumo da Ásia Menor, passando pelo Pamir e depois para o Uzbequistão, onde um fato marcante e decisivo em sua jornada viria a ocorrer.

Numa batalha que entrou para a história graças ao papel, os árabes capturam o segredo de sua fabricação e o levam para longe da China

Em meados do século VII, a dinastia Tang dominava a China e se beneficiava de uma formidável sequência de conquistas institucionais iniciadas por sua antecessora dinastia Sui, cujo fundador Yang Chien conseguiu unificar o pais e imprimir uma série de importantes reformas inspiradas nos ensinamentos de Confúcio, que levou o Estado a operar com maior simplicidade e eficiência no controle de todo o território unificado. Os Sui legaram à dinastia Tang, que os sucederam, um estado consolidado e organizado, com uma eficiente burocracia que o fazia funcionar tão bem que a prosperidade e o progresso registrado neste período fizeram com que fosse conhecido como *"a era de ouro da China medieval"*. Durante a dinastia Tang, surgiram escolas para a formação de funcionários, a arte e a cultura floresceram e o comércio foi amplamente incentivado, inclusive o comércio exterior que se expandiu para a Ásia e a Índia, atraindo comerciantes estrangeiros num movimento intenso que levou ao surgimento dos primeiros bancos na China. A expansão territorial que acompanhou o progresso e as conquistas da dinastia Tang levaram os exércitos chineses até a Ásia Menor, onde acabaram se chocando com os exércitos do Califado árabe que vinha também de um período de grande expansão e em sentido contrário ao avanço dos chineses.

O Califado Árabe, que no ano 642 havia consolidado seu domínio sobre a Pérsia, agora empreendia a conquista de toda a região e acabou encontrando os exércitos chineses nas proximidades de Samarkanda, um importante ponto de referência na Rota da Seda, uma cidade localizada no atual Uzbequistão que foi fundada no século VII a.C. pela dinastia Aquemênida e conquistada por Alexandre, o Grande, em 329 a.C.

Sua localização estratégica colocou esta região no centro do confronto entre os árabes e os chineses da dinastia Tang, pois foi nas proximidades de Samarkanda que ocorreu, em 751, a *"batalha do rio Talas"*, que estabeleceu a fronteira entre os territórios dominados pelos dois povos em expansão. Foi nesta lendária batalha, que os árabes capturaram alguns chineses que conheciam o segredo da fabricação do papel. Provavelmente havia nesta região, então sob domínio chinês, uma manufatura de papel que acabou capturada juntamente

Na batalha do Rio Talas, onde ocorreu o choque entre os exércitos do Califado Abássida com as tropas da Dinastia Tang, o segredo da fabricação do papel foi revelado.

Quis o destino que numa batalha ocorrida nas proximidades de Samarkanda no Uzbequistão, os árabes conseguissem capturar o segredo do papel e dali levá-lo para seus domínios. A partir deste episódio dramático, o papel saiu pela primeira vez dos territórios de influência chinesa para adentrar em um novo mundo.

O papiro era uma grande riqueza do Egito, mas os descendentes dos faraós eram grandes agricultores e construtores, mas não eram comerciantes exímios como os árabes.

Do caule desta planta cortam-se tiras bem finas que são sobrepostas intercaladas na forma da trama de um tecido. Esta estrutura é prensada e a seiva da própria planta se encarrega de unir definitivamente as tiras.

A produção anual de papiro gerava um excedente de produção que os egípcios precisavam comercializar e, por isso, entregavam a parte que não utilizavam para os mercadores árabes. Este esquema funcionou bem até que os árabes conseguiram uma mercadoria melhor.

com seus operários, pois a enorme extensão do império chinês, o maior de sua época, demandava uma grande quantidade de papel para a administração e o controle de um território tão imenso e, por isso, diversas fábricas de papel estavam espalhadas pelo império chinês.

Para os árabes, a descoberta do papel e a captura do método da sua fabricação, juntamente como os trabalhadores capazes de aplicá-lo, foram consideradas uma benção de Alá, pois eles reconheceram imediatamente o valor do que encontraram e sabiam exatamente o que fazer com ele. Isto porque, desde o período pré-islâmico, os califas árabes haviam estabelecido um monopólio comercial sobre a produção do papiro do Egito e atuavam como seus distribuidores para todas as regiões onde exerciam o comércio.

O esquema de distribuição controlado pelos árabes funcionava da seguinte forma; o papiro de qualidade superior produzido no Egito era controlado pelo Estado que ficava com a melhor parte para seu uso próprio e fornecia aos árabes o excedente que era por eles comercializado fora do Egito por preços bastante elevados.

O Livro Das Arabish Papier, publicado em 1887, nos conta que o califado árabe tinha uma administração forte e exercia rigoroso controle sobre as mercadorias que comercializava. O controle sobre a distribuição do papiro era tão rigoroso que cada partida do produto era registrada com um protocolo de origem que garantia sua procedência e autenticidade, e são estes protocolos que nos contam sobre detalhes da comercialização do papiro feita pelos árabes. Existem onze destes protocolos remanescentes do reino do califa Abd-al Malik (685/705), através deles ficamos sabendo que um rolo de papiro era dividido em 6 pedaços denominados *Tumar*. Cada *Tumar* era vendido ao preço de um *Carat*, que por sua vez representava a vigésima quarta parte de um *Dinar*, a moeda de ouro corrente naquele período no Egito. Desde que assumiram o poder, os califas adotaram muitos dos procedimentos burocráticos criados pelos sassânidas da Pérsia e governavam seus territórios de forma bastante centralizada, dispondo inclusive de um sistema postal que os mantinha informados de tudo que se passava nas diversas regiões sob seu domínio, exigindo relatórios periódicos e detalhados de seus representantes designados para cada região.

A operação de tal burocracia com seus inúmeros decretos, instruções, relatórios e outros escritos, exigia um grande volume de papiro, o que tornava este material extremamente importante para a gestão do califado. Embora dominassem o comércio do papiro, os árabes, por mais que tentassem, não conseguiram dominar sua produção que continuava nas mãos dos fabricantes egípcios. Algumas tentativas de assumir o controle da produção, feitas pelos árabes, que tentaram inclusive estabelecer fábricas utilizando trabalhadores cativos, acabaram não dando certo, pois o papiro também era estratégico e importante demais para os egípcios, que impediram de todas as formas que sua fabricação caísse nas mãos dos árabes.

Assim, quando capturaram os trabalhadores que produziam o papel e o segredo de sua fabricação, os árabes já dispunham do mercado e de uma ampla rede de distribuição e estavam prontos para trocar o papiro que eles não produziam pelo papel cuja produção passaram a dominar e cujo valor superava o do seu antecessor produzido pelos egípcios.

A batalha do rio Talas é um marco na jornada do papel rumo ao Ocidente, pois esta era a primeira vez que o papel seguiria para fora da zona de influência da China e este momento marcante para sua história é sempre lembrado porque foi dali que se iniciou a viagem que o levou até a Europa e a prensa de Gutenberg.

Mercadorias valiosas eram o objeto de cobiça dos mercadores que operavam no Mediterrâneo. O papiro era uma destas mercadorias, mas tinha concorrentes...

Um dos concorrentes do papiro era o pergaminho, alternativa para o suporte da escrita, mas a busca pelo suporte ideal para os escribas ainda não havia chegado a sua conclusão. Por isso, os mercadores continuaram procurando algo melhor

Foram os árabes que promoveram a substituição do papiro pelo papel, sua nova mercadoria recém-conquistada dos chineses

De Samarkanda, o papel adentrou o mundo árabe e foi se espalhando por seus domínios a partir das importantes informações obtidas de seus prisioneiros chineses. Rapidamente os árabes perceberam o valor da sua descoberta e sabe-se que, a partir de 793, o papel já era fabricado em Bagdá, onde foram introduzidos em seu processo de fabricação novos ingredientes como o amido de trigo sarraceno utilizado para a melhor colagem das fibras.

Grandes comerciantes que eram, os árabes sabiam bem o valor da mercadoria que tinham em mãos e procuraram explorá-la da melhor maneira possível quando perceberam que seu novo produto interessava sobremaneira a Europa, seu mais tradicional cliente de especiarias e produtos do Oriente.

Na Europa, o papel encontrou um terreno fértil nos monastérios, onde monges copistas se dedicavam a produzir, manuscritos que demandavam uma grande quantidade de pergaminhos e velinos, produtos caros e de espessura grossa e volumosa.

O *pergaminho*, originário de Pérgamo na Ásia Menor, veio a substituir na Europa o papiro proveniente do Egito, anteriormente utilizado, numa ocasião em que os egípcios restringiram seu fornecimento, obrigando os escribas europeus a procurar uma alternativa ao suporte que utilizaram até então.

Feito de pele de cordeiros, cabras e bezerros, o *pergaminho* é um couro curtido, raspado para retirar os resíduos de gordura e preparado para servir de suporte para a escrita. Já o *velino* é um produto de qualidade superior, feito do couro de bezerros recém-nascidos, que oferece uma melhor superfície para se escrever, desenhar e pintar, uma vez que absorve menos tinta e, por isso mesmo, os mais bonitos textos com iluminuras produzidos na Idade Média, foram escritos em velino. Graças aos mosteiros e seus monges copistas, o papel, por oferecer vantagens em relação a seus antecessores, veio substituindo gradativamente o pergaminho e o velino. Com isso, o papel encontrou um mercado promissor na Europa, onde passou a ser fornecido em bases regulares pelos produtores árabes que o incorporaram a sua pauta de mercadorias enviadas para este continente.

Durante muito tempo, os árabes mantiveram o segredo do papel e se limitaram a exportá-lo para a Europa de suas bases no Oriente Médio e Mesopotâmia onde era produzido em cidades como Bagdá, Damasco e Palmira, cidades que tiveram importante papel neste período.

O monopólio da fabricação do papel mantido pelos árabes estabeleceu inicialmente fábricas em Damasco, Trípoli, Marrocos e outras regiões que iam sendo acrescentadas ao califado e foi assim que o papel finalmente chegou a Europa, introduzido na Espanha sob seu domínio. Quando invadiram a Espanha, os árabes acabaram levando para lá a produção do papel, pois havia ganho logístico na operação de fornecimento e também porque sua ocupação da Península Ibérica teve características de ocupação

Uma pele de cordeiro, cabra ou bezerro, preparada na cidade de Pérgamo na Ásia Menor, ganhou mercado e ocupou temporariamente o lugar do pairo quando este veio a faltar.

Em relação ao papiro, o pergaminho oferecia uma melhor superfície para se escrever, mas era muito mais caro. No entanto, quando o papiro faltou no mercado, ele prosperou e até tornar-se preferido na confecção de textos valiosos e importantes. Os monges copistas da Idade Média fizeram deste material o melhor suporte para seus manuscritos iluminados.

permanente, já que lá permaneceram por vários séculos deixando na Espanha e Portugal um legado de importantes obras arquitetônicas e conhecimentos valiosos na forma de escritos, cujo suporte principal foi sem dúvida o papel. Com a introdução do papel feita pelos árabes na Espanha, este novo suporte rapidamente provou suas qualidades inigualáveis, sendo amplamente adotado pelos monges copistas e escribas laicos de uma Europa repleta de mosteiros dedicados a recuperar o conhecimento antigo, traduzindo-o para o latim e arquivando-o nas bibliotecas que a igreja vinha montando. Serviu também a uma rica burguesia que começava a adquirir conhecimentos através dos livros e das universidades onde seus filhos passaram a estudar. A igreja foi o grande cliente da nascente indústria do papel, pois, com seu poder, alimentou a difusão do conhecimento escrito e das escrituras sagradas por todo o mundo cristão.

Uma vez consolidado pelos árabes o domínio da Espanha, uma primeira unidade de produção foi instalada em Xátiva nas proximidades de Valência por volta do ano de 1100. Embora se empenhassem em produzir e passassem a fornecer o papel na Europa, os árabes souberam preservar o segredo do produto que lhes rendeu vultuosas receitas até que um acontecimento inusitado ocorrido pouco mais de um século depois de sua fabricação ser instalada na Espanha fez com que o segredo do papel fosse levado para a Itália. A fuga de um empregado da fábrica de papel, provavelmente alguém que trabalhava em uma das fábricas de papéis instaladas pelos árabes na Espanha, fez com que o precioso segredo chegasse à cidade de Fabriano, onde fincou raízes profundas e produziu um empreendimento papeleiro que perdura até os dias atuais.

O papel Fabriano, cuja fabricação se iniciou em 1276, ainda hoje é produzido na mesma cidade e goza de grande prestígio internacional, graças a sua qualidade superior, suas cores e texturas muito apreciadas por artistas, designers e gráficos que procuram distinguir seus trabalhos com papéis diferenciados.

A cidade de Fabriano tornou-se um importante centro de produção e foi ali que três importantes inovações foram introduzidas na fabricação do papel. A primeira delas, a marca d'água, também conhecida como "filigrana", foi criada nesta cidade. A filigrana é uma marca adicionada no processo de formação da folha, que se torna visível quando se olha o papel contra a luz, e foi usada inicialmente para registrar

A partir da Espanha sob domínio Mouro, o papel se espalha rapidamente por uma Europa que trabalhava em ritmo intenso para recuperar nas abadias e mosteiros o conhecimento acumulado pela humanidade em épocas anteriores.

A fábrica de papel na Espanha deu aos mercadores mouros uma vantagem logística, pois conseguiam fornecer o produto diretamente da Europa. Com isso, a difusão do papel e a substituição, tanto do papiro como do pergaminho, se aceleraram.

Em breve, assim como havia acontecido com os chineses, o segredo do papel também fugiria de suas mãos.

A marca d'água deu identidade aos fabricantes e exclusividade aos clientes especiais como casas reais, nobres e aristocratas, universidades, bancos, instituições eclesiásticas e outros dignitários que passaram a ter papéis com sua marca.

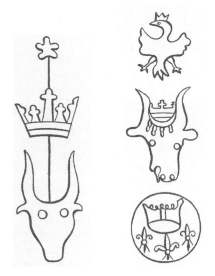

Uma inovação introduzida em Fabriano. A marca d'água foi rapidamente incorporada pela indústria de papel na Europa, que passou a oferecer a seus clientes exclusivos papéis personalizados com seus brasões, monograma e marcas.

Sem dúvida uma novidade que agradou e ajudou a evitar a prática de falsificação de documentos.

em cada folha a marca de seu fabricante, mas, com o tempo, passou também a ostentar a marca do usuário do papel, quando nobres, aristocratas, governos e entidades passaram a adquirir papéis exclusivos ostentando seus brasões, emblemas e monogramas. A utilização de uma marca d'água atribuía, além de prestígio a seu detentor, maior segurança quanto a autenticidade do documento, realçando a personalidade e o status das pessoas ou entidades que eram por ela identificadas e evitando falsificações nos documentos que o papel com filigrana ostentava.

A segunda invenção, chamada de "Hamer Mill" ou moagem por martelo hidráulico, é o processo onde as fibras são separadas por martelamento, que veio a substituir a moagem com pedra e o batimento manual utilizado pelos árabes.

A terceira inovação foi a introdução da gelatina animal em substituição ao amido de trigo, também introduzido pelos árabes.

O uso de gelatina trouxe melhorias tanto na uniformidade e textura da superfície como também na melhor conservação do papel.

Depois da Itália, o segredo vazou e a fabricação do papel se espalhou pela Europa. Primeiro na França, perto de Troyes, onde uma fábrica de papel foi instalada em Saint Julien, em 1348; depois na Alemanha, onde chegou em 1390; na Inglaterra em Hertfordshire, em 1495, e assim por diante.

Quando Johannes Gutenberg voltou a Mainz, em 1440, retomando suas pesquisas para o desenvolvimento da impressão tipográfica, o papel já era produzido na Europa com boa qualidade e quantidade suficiente para oferecer o suporte ideal para seus trabalhos, inclusive na Alemanha, onde a fábrica Ulman Stromer's Gleismul, a primeira no país, já funcionava na cidade de Nuremberg.

Concluindo sua longa jornada da antiga China imperial até a Europa renascentista, o papel se torna protagonista da nova etapa da transformação do mundo

O papel teve contribuição decisiva naquela que seria mais tarde considerada como uma das invenções que maior impacto teve no desenvolvimento e no progresso da humanidade. Sua fabricação em escala industrial e seu fornecimento contínuo e abundante favoreceram o surgimento da imprensa ao fornecer um suporte que se mostrou ideal para impressão tipográfica.

Antes disso, porém, o papel já estava inserido de forma permanente no modo de vida da Europa, sendo utilizado numa infinidade de aplicações, que vão da confecção de livros, documentos de todo o tipo até na correspondência, amplamente utilizada por reis, nobres e dignitários do período. Documentos importantíssimos que ajudaram a reconstruir biografias e a história de acontecimentos importantes foram registrados nas relações epistolares mantidas pelos nobres e aristocratas europeus, que fizeram da correspondência uma atividade cotidiana e produziram milhares de cartas que mais tarde foram utilizadas para compor o rico painel histórico do renascimento.

A carta que Pero Vaz de Caminha, escrivão da esquadra comandada por Pedro Álvares Cabral, enviou ao rei de Portugal, Dom Manoel I, datada de 1º de maio de 1500, comunicando a descoberta do Brasil, está escrita em 7 folhas de papel, cada uma delas com 4 páginas medindo cerca de 30 x 29,5 centímetros, num total de 28 páginas, sendo 27 de texto caligráfico e uma de endereçamento. Esta carta constitui um dos mais importantes documentos da era dos descobrimentos que ampliaram sobremaneira o mundo conhecido até então, abrindo para a humanidade uma nova visão do planeta que habitava.

A imprensa foi o fator determinante no desenvolvimento da fabricação de papel, pois a reprodução em série promovida pela publicação de livros e, posteriormente, por todo tipo de impressos, fez a demanda por este produto crescer de tal forma que levou ao surgimento na França da máquina de fabricar papel criada por Nicola-Lois Robert, em 1798, coincidentemente o mesmo ano em que surgiu na Baviera o princípio da impressão litográfica, que utiliza pedras polidas como matriz de impressão e ampliaria muito a possibilidade de impressão de imagens.

O ano de 1798 é importante para a história das artes gráficas e da impressão, pois a junção da máquina de fabricar papel com a litografia criada por Alois Senefelder deu o impulso definitivo para a produção em massa dos impressos ilustrados que popularizariam de vez a imprensa e que ganhariam cor a partir da solução encontrada por

A certidão de nascimento de um país do novo mundo foi escrita em 7 folhas de papel. Quando Gutenberg produziu a sua Bíblia, o papel já havia se tornado presença marcante nos acontecimentos de um mundo que em breve se abriria aos grandes descobrimentos.

A carta do escrivão Pero Vaz de Caminha ao rei de Portugal, Dom Manoel I, é um documento de relevo que demonstra de forma evidente a importância que o papel alcançou na vida da sociedade europeia. Assinaturas de grandes tratados, acordos de paz, transações financeiras, leis e todo o arcabouço institucional das nações estava sendo escrito em papel.

George Baxter, em 1835, e que acabou resultando na "Cromolitografia" criada em 1850, uma técnica de impressão que perdurou por mais de meio século até que a fotografia assumiu definitivamente a missão de reproduzir as imagens nas artes gráficas.

A impressão a cores fascinava as pessoas de tal forma que conquistou um valor em si. As gravuras japonesas do século XVIII, que encantavam e ainda encantam a todos por seu colorido surpreendente, eram vendidas para consumidores ávidos numa época em que só a pintura conseguia gerar imagens coloridas.

Mesmo na era da fotografia, o papel continuou sua jornada, pois a partir da invenção do Velox em 1898 pelo belga Leo Baekeland, o papel fotográfico, cuja patente foi adquirida pela Kodak, se tornou o suporte ideal das imagens fotográficas.

O papel nasceu numa oficina oficial do governo imperial chinês e serviu desde o início como suporte ao exercício da administração pública, do controle exercido pelo Estado e da difusão de suas ordens. Por muito tempo permaneceu nesta função incorporando progressivamente novas utilizações. Primeiro como suporte das atividades do comércio, a seguir foi adotado pelo ensino nas escolas e pela religião que o utilizou desde o início como suporte para a divulgação de textos sagrados e orações que deveriam ser repetidas pelos fiéis e assim progressivamente foi se incorporando a vida da sociedade acolhendo textos antigos e divulgando novas ideias.

A literatura e a ciência souberam fazer dele o principal suporte para a difusão das suas criações e descobertas.

O relato das grandes viagens, as anotações necessárias e as que eram imprescindíveis encontraram no papel um ancoradouro seguro.

Os legisladores souberam fazer dele o suporte ideal para suas leis. As notícias importantes e mesmo as nem tão importante assim foram difundidas e a imprensa, quando veio a existir, fez do papel sua morada. O poder sempre compreendeu muito bem o papel do papel e tentou controlar sua produção e distribuição de todas as formas possíveis, ainda hoje governos autoritários e ditaduras exercem o controle estatal sobre o papel jornal, pois todos conhecem muito bem o poder do jornalismo e da palavra escrita.

Depois de quase dois milênios de sua criação, a produção de papel no mundo ainda continua crescendo.

Desde que surgiu na China e se espalhou pelo mundo, a produção de papel e a diversidade de suas aplicações continuam crescendo. São poucos os produtos industriais que possuem uma história como esta.

*O papel do papel ainda está muito longe do final,
a vida real ainda precisa muito dele*

No início da era digital e da internet, quando o declínio do papel foi amplamente anunciado e seu fim chegou até a ser anunciado, as impressoras laser e ink-jet, que passaram a complementar os computadores nos escritórios e nos lares de todo o mundo, fizeram com que a produção e o consumo de papel se ampliassem ainda mais, pois todos se tornaram capazes de "*imprimir*" a partir de um simples comando, "*print*". O que antes era uma atividade complexa, que demandava conhecimento técnico e equipamentos grandes e difíceis de operar, passou a ser uma coisa banal que mesmo as crianças da pré-escola podem executar. A democratização da impressão que começou com o mimeógrafo foi levada a extremos de simplicidade com os computadores e as novas impressoras pessoais. Ao imprimir uma folha e retirá-la da impressora, o ser humano atual experimenta uma sensação semelhante aquela que os sumérios da Mesopotâmia experimentavam ao tirar do forno uma placa de argila gravada com as primeiras inscrições cuneiformes. Ainda me lembro perfeitamente da sensação que senti, em 1987, quando retirei pela primeira vez de uma impressora um print colorido da embalagem que havíamos acabado de criar no computador. Ainda guardo até hoje este print.

Imprimir, escrever e desenhar sobre uma folha de papel é dar vida e existência no mundo físico aquilo que antes existia apenas no plano do imaginário. É tomar posse e garantir a preservação no mundo real daquilo que foi impresso ou concebido.

Rabiscar uma ideia numa folha de papel, fazer desenhos, gráficos, scketchs, layouts, tomar notas, escrever lembretes, ainda são formas utilizadas por milhões de pessoas para trazer à Terra o que lhes passa pela cabeça e para compartilhar com os outros aquilo que só ela enxergava.

Conectar o mundo do imaginário ao mundo físico onde vivemos, mediar a transição do abstrato e virtual para o real, é o que ainda torna o papel necessário e indispensável para o ser humano de hoje, assim como o foi para pessoas de outras épocas, pois é no mundo onde as pessoas vivem que as coisas estão acontecendo de verdade.

Por isso, o papel continua sendo até hoje o suporte ideal e o mais amplamente utilizado para fazer esta mediação, seja para desenhar e escrever ou para imprimir, ele continua

Rabiscar e desenhar numa folha de papel produz uma sensação única, apreciada desde o início por todo tipo de gente.

Os chineses antigos aplicavam a escrita caligráfica e a pintura artística com tinta líquida sobre papel. Este suporte continuou recebendo tanto para a escrita quanto para pintura e desenho, o pincel, pena e lápis grafite, este último desenvolvido a partir da segunda metade do século XVI.

Quando usamos papel, os fabricantes deste produto plantam mais árvores, porque é plantando árvores que eles conseguem fazer papel novo.

A indústria de papel no primeiro mundo, retira madeira das florestas naturais pelo processo conhecido como "manejo sustentável", onde as árvores retiradas são respostas. Outra forma de produzir papel é plantar florestas no sistema de reflorestamento. A produção de madeira para fazer papel é uma atividade agrícola importante para muitos países. No Brasil, 100% do papel é produzido a partir de florestas plantadas e com certificação internacional.

cumprindo com perfeição suas funções iniciadas quase dois milênios atrás.

Desde se juntar com a gravura criada pelos monges budistas na China até chegar a prensa de Gutenberg na Alemanha, a história do papel nos mostra que ele percorreu um longo caminho, mas sem esta história, a imprensa não teria alcançado a dimensão e a importância que alcançou, nem a escrita e tampouco a gravura, apenas as quatro juntas tornaram possível o que aconteceu.

A escrita já existia desde 3300 a.C., o papel desde o ano 105 da era cristã, mas foi só no ano 670 que a xilogravura, esta técnica de impressão rudimentar, encontrou a forma definitiva que seria levada até a prensa de Gutenberg. Portanto, agora chegou a hora da pequena história da gravura.

O Memorial a Ts'ai Lun

Existe na China um memorial construído em homenagem ao homem que a história registrou como sendo o criador do papel.

O memorial está em "Longting", uma vila perto de Yangxian, na região de Hanzhong, no estado de Shaanxi, China.

Após a invenção do processo de fabricação de papel e o sucesso de sua criação, Ts'ai Lun recebeu no ano 114 o título de "Marquês de Longting", juntamente com as terras deste lugar, e é por isso que, após sua morte em 121, ele foi enterrado em Longting.

Neste local, ficamos conhecendo um pouco mais sobre este lendário personagem que antes era apenas um vulto na história, mas que a partir da existência deste memorial, passa a ter uma biografia, um endereço e um túmulo com lápide onde está enterrado. Ficamos sabendo entre outras coisas que, aos 15 anos, Ts'ai Lun entrou para o serviço imperial, onde veio a ocupar diversos cargos importantes. A história nos conta que ele foi reconhecido por sua invenção e cumulado de honrarias pelos governantes do país que tanto se beneficiou dela.

Túmulo de Ts'ai Lun em Longting.

3. PEQUENA HISTÓRIA DA GRAVURA

PEQUENA HISTÓRIA DA GRAVURA

INTRODUÇÃO

"Aquilo que foi gravado e pode ser reproduzido espalha as sementes de seu conteúdo pelos campos da imaginação"

As religiões tiveram papel de destaque no surgimento da escrita. Com a gravura não foi diferente, foi o budismo praticado na China que gerou a primeira forma de impressão sobre papel.

A palavra escrita é poderosa e os líderes religiosos de todas as épocas souberam usar a palavra escrita para difundir os ensinamentos das religiões que conduziam.

Os livros e textos sagrados sempre estiveram presentes nas práticas religiosas e sua presença contribuiu de forma decisiva para o processo civilizatório.

 religião teve papel fundamental no processo civilizatório. Foi em torno do templo na Mesopotâmia que a primeira escrita nasceu e foi através dos monges budistas que atuavam na China, que surgiu a *xilogravura*, a forma de impressão primordial cujo método de impressão acabou chegando até a prensa de Gutenberg e, em sua essência, perdura até hoje, pois os mais modernos equipamentos de impressão ainda utilizam uma matriz gravada que recebe a tinta e a imprime sobre uma folha de papel.

Quando Buda andou pela terra pregando a paz, e o caminho do equilíbrio, ele nem imaginava que sua mensagem seria responsável pela criação de uma tecnologia cuja repercussão impulsionou de tal forma a difusão das ideias e do conhecimento que acabou contribuindo de forma decisiva para o desenvolvimento da civilização.

Foi para difundir a mensagem do Buda que os monges radicados na China desenvolveram a *xilogravura*, técnica de impressão que utiliza blocos de madeira onde as imagens são entalhadas para servir como a matriz de impressão que recebe a tinta que será transferida por pressão (como um carimbo) sobre uma folha de papel.

Tudo aconteceu porque estes monges realizavam o árduo trabalho de copiar as *sutras*, textos sagrados em forma de versos que são lidos e repetidos pelos fieis em seus procedimentos de oração. Este trabalho manual de cópia, embora feito de forma abnegada e perseverante por estes religiosos devotados, resultava num número insuficiente de cópias, necessárias para a difusão do budismo num país tão grande como a China, e, por necessitarem de um número muito maior destas cópias, estes monges acabaram concebendo uma forma de reproduzir suas *sutras* numa escala de produção muito maior, o que os levou ao desenvolvimento de um rudimentar sistema de impressão, cujo procedimento básico consiste em gravar esculpindo o texto numa matriz de madeira, entintá-la e pressioná-la sobre uma folha de papel transferindo assim a tinta que fica impressa no suporte que a recebeu.

Embora muito simples e primitivo, este procedimento, por sua eficiência e precisão, permaneceu inalterado em sua essência até o surgimento da impressão digital no século XX.

Existem diversas formas de definir o que é gravura. Não desejamos, entretanto, nos ater a questões técnicas, mas apenas seguir o fluxo que fez com que a xilogravura surgida na China acabasse se juntando a imprensa na Alemanha para acrescentar imagens ilustrativas aos textos formados apenas por sinais gráficos, pois a gravura não só desempenhou com perfeição esta função, mas principalmente serviu de inspiração para a criação da impressão tipográfica, que nada mais fez que aplicar de outra forma o princípio básico da xilogravura, que, por sua vez, aplicou o princípio básico dos selos, carimbos e sinetes para reprodução de textos e imagens de maior amplitude.

Sabemos que a impressão com tipos móveis já havia sido empreendida, pois um conjunto de tipos móveis de madeira, datados de 1300, foi encontrado na cidade de Turfan no Turquestão oriental, provavelmente vindos da China e ali introduzidos quando esta região foi conquistada pelos mongóis.

Há coisas que ficam melhor quando ditas por imagens e há aquelas que só podem ser ditas por imagens, mas a xilogravura, em seu nascimento, foi criada para reproduzir textos (*sutras* budistas), e não imagens.

Procedimentos de impressão, utilizando matrizes e transferindo sua gravação para outra superfície, existiam e estiveram presentes desde as civilizações mais antigas da Mesopotâmia onde selos gravados em alto relevo em cilindros de pedra ou material resistente eram "rolados" sobre placas de argila macia, transferindo as imagens que continham para esta superfície. Muitos povos antigos ao longo do tempo, inclusive a China, utilizaram selos e carimbos das formas mais variadas, mas foi a xilogravura, utilizada a partir do século VII durante a dinastia Tang (a data mais precisa de seu surgimento é o ano de 670), que criou um procedimento padrão para a reprodução impressa, inicialmente de textos e posteriormente de imagens, que prosseguiu até nossos dias.

A China já conhecia muita coisa e havia criado maravilhas quando os monges budistas que viviam no país tiveram a ideia de multiplicar a produção de suas orações.

Uma ideia bastante simples: gravar uma matriz, untá-la com tinta e pressionar a matriz contra uma folha de papel. Este é o conceito criado pelos monges que gravaram o primeiro bloco de madeira criando um sistema de impressão denominado xilogravura*.

A xilogravura é mãe de todos os sistemas de impressão gráfica. Seu procedimento básico permaneceu praticamente inalterado por quase mil e quinhentos anos.

* *Xilogravura vem do grego "Xilon", que significa madeira, e "grafó", que significa entalhar. Xilogravura é, portanto, uma gravura feita com uma matriz de madeira.*

4 PEQUENAS HISTÓRIAS • PÁGINA 93

Originária da China, a gravura difundiu-se primeiro para a Coreia, seguindo depois para o Japão, onde encontrou sua mais alta expressão artística no Oriente.

O sucesso alcançado pela gravura na corte imperial japonesa e sua ampla difusão popular incentivaram o surgimento de uma arte sofisticada e elegante que a todos impressionava. A gravura japonesa viria no futuro a exercer grande influência entre os artistas ocidentais, especialmente os impressionistas.

A jornada da xilogravura criada na China pelos monges budistas é a que nos interessa seguir, acompanhando sua trajetória através da Rota da Seda até as cortes europeias que a adotaram com entusiasmo. Assim como aconteceu com o papel, que foi inicialmente difundido para a Coreia e o Japão, também a xilogravura seguiu o mesmo percurso. Da China, a impressão chegou a Coreia por volta do ano 700 e a partir dali foi introduzida no Japão também por monges budistas em meados do século XI.

Assim o budismo e a difusão de sua mensagem fizeram a *xilogravura* chegar ao Japão, onde se desenvolveu posteriormente uma das mais elegantes e sofisticadas formas artísticas que a xilogravura veio a alcançar.

Além da impressão de textos e imagens sobre o papel, a impressão com blocos de madeira foi também utilizada para estampar tecidos e foi principalmente a estamparia que ajudou a popularizar a forma de reprodução de imagens pelo processo de impressão, pois uma única e pequena gravação podia ser reproduzida inúmeras vezes no tecido, na forma de um padrão estampado, contribuindo para torná-lo mais atraente e valioso.

Estampas coloridas com lindos desenhos conquistaram rapidamente a admiração e o desejo de consumidores abastados em todas as regiões, onde hábeis comerciantes faziam chegar os tecidos de seda impressos. Assim como a religião, os tecidos também tiveram importante papel na criação e difusão tanto do alfabeto pelos fenícios, que os gregos denominavam "comerciantes em púrpura" *(a púrpura era utilizada principalmente para tingir tecidos)*, como na chegada do papel e da impressão à Europa, pois ambos viajaram pela Rota da Seda, ou seja, a rota dos tecidos de seda estampada.

Graças ao valor, tanto material como religioso, e ao grande interesse alcançados pelos produtos impressos, em breve a impressão já havia alcançado um alto nível técnico, permitindo a reprodução de obras mais importantes e complexas.

A combinação da escrita e do papel com a xilogravura deu forma, também na China, ao mais antigo livro conhecido, a *"Sutra do Diamante"*, que contém textos sagrados do budismo e foi impresso no ano 868 a mando de Wang Chieh, que aparece citado no final do texto, juntamente com a data de 11 de maio daquele ano, como aquele que mandou imprimir e distribuir a *sutra* em honra de seus pais. A impressão primorosa deste livro, onde além do texto que transmite as revelações de Buda, aparece uma imagem ricamente detalhada mostrando Buda entre seus discípulos que certamente inspirou muitos fieis, pois é impossível ver algo tão belo e elaborado e não se sentir tocado por sua mensagem. Assim acreditavam os que produziram esta obra impressionante.

A *"Sutra do Diamante"* consiste num rolo com cerca de 4,9 metros de comprimento formado por 7 folhas de papel coladas, onde, entre suas importantes mensagens, aparece o decreto de Buda que prescreve que: *"aquele que repetir este texto será edificado"*. Este decreto nos informa que saber ler e ter acesso ao livro sagrado era, portanto, um dos caminhos para a *"edificação"*. Este texto foi publicado mais de 1400 anos depois do nascimento de Siddhartha Gautama, o Buda que nasceu na Índia no ano 563 a.C., e ele, portanto, dificilmente poderia ter decretado tal coisa. Mas a afirmação de que os homens poderiam se dirigir a Deus através da palavra escrita nos textos e livros sagrados e deles obter "edificação", iluminação, bênçãos, o perdão de seus pecados, a entrada no reino dos céus ou o passaporte para eternidade, sempre esteve presente nas práticas religiosas, desde as sociedades mais antigas, como acontecia no Egito com o livros dos mortos, ou como as tábuas das leis com os dez mandamentos que aparecem no velho testamento e, ainda, como prescreveu Lutero no século XV, afirmando que todo homem poderia estabelecer uma relação direta com Deus através da Bíblia.

"Uma oração, cem orações, mil orações".
Assim a xilogravura impulsionou a produção
das sutras budistas

Como vimos, a religião teve papel importante no desenvolvimento da escrita e é ela novamente que está por trás deste grande salto evolutivo que foi dado na distante China no ano de 670 da era cristã quando monges budistas, empenhados em escrever orações que seriam distribuídas aos devotos desta religião, tiveram a ideia de gravar os ideogramas numa matriz de madeira para que pudessem ser entintados e impressos numa folha de papel.

O mais antigo livro conhecido foi impresso em xilogravura e mostra Buda pregando a seus discípulos numa ilustração cheia de detalhes.

A Sutra do Diamante é um marco na produção de textos associados a imagens e seu trabalho super elaborado mostra a devoção do homem que o mandou confeccionar e distribuir a sutra em honra de seus pais. Como ele teve o cuidado de mandar datar a publicação no texto, sabemos quando foi publicado. O grande número de cópias produzidas e o conteúdo venerável que continha fizeram com esta obra fosse preservada e chegasse até nós.

Abrir o bloco escavando sua superfície, assim se arrancava da madeira a imagem que se desejava imprimir.

A matriz de xilogravura é produzida escavando-se a madeira para se obter um baixo relevo que permanecerá em branco na impressão. Na página seguinte, vemos o passo a passo da produção da matriz que gerou o logotipo do Prêmio Ibema Gravura para estudantes criado em 2011.

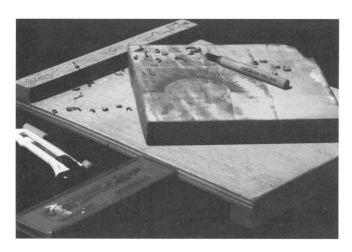

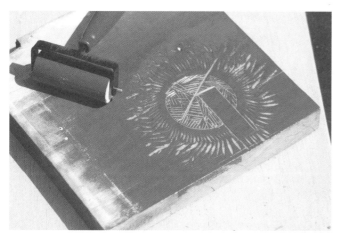

4 PEQUENAS HISTÓRIAS • ◻ • PÁGINA 96

Uma ideia simples e genial que fez com que a produção de orações se multiplicasse rapidamente. Este nascimento singelo, na verdade, é resultado de um processo que tem sua complexidade. Devemos nos lembrar que embora possa parecer bastante simples, uma vez que se tornou conhecido, o processo da xilogravura, naquele momento inicial em que foi concebido, representou de fato um avanço tecnológico que tem seu grau de dificuldade, pois era preciso esculpir cada ideograma da escrita chinesa em negativo e em alto relevo para que ele, uma vez impresso, assumisse sua face legível. Isso exigiu experiências e testes até que o sistema funcionasse perfeitamente.

Certamente muitas tentativas e erros levaram a solução definitiva, mas mesmo esta se beneficiou da existência de sinetes, selos ou carimbos de impressão que já eram utilizados na China naquele período, pois, como vimos, desde o início da escrita na Mesopotâmia, cilindros gravados em baixo relevo eram rolados sobre a argila macia para gerar placas e tijolos decorados ou criar selos com inscrições e desenhos, portanto, o conceito não era novo, mas foi adaptado a uma nova forma de utilização que exigiu a presença de uma tinta adequada que pudesse se fixar na madeira e depois aderir ao papel, desempenhando com eficiência estas funções.

A tinta não era novidade para a China, praticamente desde o início de sua escrita eles desenvolveram uma fórmula que utilizava ossos calcinados (a calcinação dos ossos era feita dentro de um pote hermeticamente vedado e introduzido no forno para evitar que eles fossem queimados pelo fogo direto) e moídos, adicionados de água e resina. Conta-nos a lenda que a *"tinta da China"*, como ficou conhecida, surgiu durante o reinado do lendário Imperador amarelo Huang Di (2697-2597 a.C.) e teria sido inventada por Tian Zhen, cujo nome aparece na memória da história porque certamente foi escrito com a tinta que ele inventou.

De qualquer forma, foi esta tinta que veio evoluindo através dos tempos e que, numa versão aprimorada para o processo de impressão xilográfica, complementou a invenção que os chineses legaram ao mundo.

Junto com a seda e o papel, a notícia da impressão chegou até a Europa seguindo provavelmente pelo mesmo caminho. Mercadores dos tecidos de seda e de produtos exóticos do Oriente fizeram chegar a impressão até o Ocidente. Embora não se saiba ao certo se o uso de selos

Quando a xilogravura surgiu, já ha dois mil anos a tinta era utilizada na China.

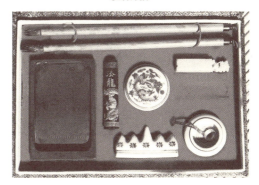

A técnica da xilogravura exige uma tinta que interaja com a madeira para produzir a impressão final. Os chineses conheciam bem a maneira de produzir tinta e souberam criar uma variante adequada à impressão xilográfica.

No kit de caligrafia chinesa acima, podemos ver o bastão de tinta sólida, a pedra para dissolvê-lo e o recipiente com a conchinha para depositar a tinta solubilizada e para mergulhar o pincel.

Num mundo sem estampas, um dos principais encantos da seda era a beleza das padronagens estampadas que ela trazia. Na Europa, apenas a tintura e o bordado adornavam os tecidos.

Quando observamos as pinturas do período anterior à chegada da seda a Europa, notamos que todos se vestem com tecidos lisos ou eventualmente vemos algum bordado aplicado à roupa. Imagens com tecidos estampados passam a aparecer apenas no período posterior à chegada dos tecidos de seda à Europa. Um dos grandes encantos dos tecidos chineses eram as maravilhosas estampas que traziam em toda a sua superfície. A impressão provavelmente chegou a este continente através dos tecidos.

A oposição entre a virtude e o pecado tiveram presença forte neste primeiro momento da gravura na Europa. Se por um lado o jogo gerava intensa impressão de cartas de baralho, por outro a fé fazia imprimir milhares e milhares de imagens santificadas.

A imagem de "Santa Radegonde" impressa em 1513 é um exemplo marcante deste período, onde, enquanto a presença de imagens de santos da igreja católica passou a ser comum nas residências do povo, o baralho saiu dos salões da nobreza e da aristocracia, entrou pelas tavernas e residências e passou a ser jogado em toda parte. Tanto os santos e os impressos religiosos como o baralho contribuíram para o estabelecimento das primeiras oficinas de impressão.

e sinetes, os ancestrais da impressão, não tenha chegado a Europa diretamente da Mesopotâmia, sem dúvida a impressão com matrizes de madeira apareceu por lá trazida pelos tecidos de seda estampados e pelas notícias de viajantes como Marco Polo que descreveu o processo em Veneza no final do século XIII.

O que sabemos com certeza é que, vinda do Oriente na mesma rota do papel, a xilogravura chegou à Europa e já no século XIV estampas de tecido, desenhos rudimentares e cartas de baralho começaram a ser impressos neste continente utilizando blocos de madeira gravados.

Os Tecidos, os Santos e o Baralho, assim a gravura se difundiu numa Europa que encerrava a Idade Média e ingressava no Renascimento.

Em meados do século XV, a xilogravura ocidental já havia alcançado a expressão artística. Uma imagem de Santa Doroteia pertencente ao acervo do Museu de Munique datada de 1420 já demonstrava as características que ela apresentaria como forma de arte. A imagem lembra a estética dos vitrais e se aproxima do padrão visual presente então nas pinturas sacras. Aqui também podemos ver em ação a religião como difusora da impressão, pois *"estampas piedosas"* dos santos, como esta da Santa Doroteia, tornaram-se presença constante nas casas dos fiéis que valorizavam muito a visão benéfica destas imagens, assim como acreditavam que sua presença ajudava na proteção da moradia e de seus habitantes num momento difícil vivido por uma Europa assolada periodicamente por pestes e epidemias.

Mas depois dos tecidos estampados, foi o baralho que mais impulsionou a nascente indústria da impressão. Jogava-se cartas nos palácios, nas casas aristocráticas, nas tabernas e nas casas de família, ainda que o *"vício"* do jogo fosse condenado pela Igreja, ele prosperou por ser uma diversão barata, que podia entreter as pessoas durante horas, dentro de suas casas e ao abrigo do frio. O jogo de baralho se alastrou rapidamente, pois se antes se jogava com cartas pintadas à mão, que eram caras e acessíveis apenas aos nobres e aristocratas, agora a impressão permitia popularizar o jogo, motivo este que afligia os religiosos, que o consideravam nocivo à vida social e familiar, mas um fenômeno impossível de ser detido por seu poder de entretenimento e sua facilidade de levar e usar até por pessoas analfabetas, pois as cartas do baralho com seus símbolos iconográficos podiam ser compreendidas por todos. Tudo isso somado fez com que o baralho acabasse gerando uma produção gráfica regular que só faria crescer daí em diante.

 É desta época também o surgimento dos primeiros livros xilográficos, pois exemplares simples e com poucas páginas começaram a ser produzidos, embora sem grande sucesso, uma vez que não era possível *"esculpir na madeira"* textos longos em uma prancha com todas as letras recortadas uma a uma. Estes livros eram na maioria *"catecismos"* utilizados para a instrução religiosa de analfabetos e continham páginas ilustradas de forma independente do texto, com grandes imagens e pequenas legendas em nada parecidos com a Bíblia impressa por Gutenberg nem com os livros que viriam a ser impressos posteriormente pelo processo por ele desenvolvido.

 Neste período inicial da utilização da xilogravura na Europa, um tipo de livro impresso pelo processo xilográfico que se tornou conhecido foi o *"ars morendi"* ou arte de morrer, que foi criado para ajudar o fiel, em seus momentos finais, a fazer a transição para o outro mundo. Eram exemplares com poucas folhas, em geral eram 11 páginas mais a capa, ou pouco mais que isso, mostrando em imagens ilustradas, acompanhadas de legendas, as tentações dos demônios e a proteção dos anjos que cercavam o moribundo na hora da morte e no caminho para o céu (ou o inferno). Estes livros que foram produzidos em latim, francês e alemão tiveram várias edições impressas no século XV e foram difundidos com entusiasmo pelos religiosos, pois além de conter mensagens de fé, incentivavam as pessoas que partiam a doar para igreja seus bens terrenos. O poder exercido pelos *"ars morendi"* residia principalmente no fato da Europa estar sendo assolada frequentemente neste período por pestes e epidemias e a morte ser um fato ameaçador, presente na vida quotidiana, que não poupava ricos ou pobres. A peste negra que dizimou boa parte da Europa ainda estava fresca na memória destas populações amedrontadas e a igreja soube captar a emoção do momento e produziu uma obra oportuna para amparar as famílias nesta hora dramática.

A difusão do baralho na Europa abriu as portas para a impressão xilográfica.

E peças mais sofisticadas acessíveis apenas à nobreza e à elite de então.

Impressão quer dizer reprodução em série de um grande número de cópias, e a produção de cartas de baralho abriu caminho para a implantação das primeiras gráficas em território europeu, pois gerava um trabalho permanente para os impressores pioneiros. A demanda por cartas de baralho estimulou assim o desenvolvimento de uma indústria gráfica que, em seguida, estava produzindo santinhos e as primeiras obras impressas.

As imagens piedosas estavam presentes nas casas para garantir a seus moradores a proteção dos santos e a intervenção destes aos pedidos feitos nas orações da família.

A expressão artística da arte sacra chegou rapidamente a gravura e transferiu para esta técnica uma linguagem visual longamente construída pelos artistas que há séculos se dedicavam a registrar em seus quadros as cenas e as imagens da cristandade. Esta gravura de Santa Doroteia já traz estas características tão reverenciadas e que a nascente arte da gravura soube se apropriar.

O *"ars morendi"* é o equivalente a uma versão ocidental do livro dos mortos utilizado pelos egípcios em sua jornada após a morte, e sua produção alcançou grande popularidade, razão pela qual muitos deles sobreviveram e aí estão para dar um depoimento revelador sobre as práticas religiosas do final da Idade Média.

Nesta época também foi produzida uma versão simplificada e ilustrada da Bíblia que ficou conhecida como *"biblia pauperum"* ou Bíblia dos pobres por causa das muitas ilustrações, que permitiam até a pessoas iletradas e semianalfabetas acompanharem o sentido da narrativa. A Bíblia dos pobres era mais elaborada que os *"ars morendi"* e sua impressão já deixava claro a necessidade de Bíblias para a conversão dos fiéis. Uma necessidade que depois foi bem percebida por Gutenberg quando decidiu imprimir justamente a Bíblia como sua primeira publicação.

As obras impressas com blocos de madeira como estas produzidas pela Igreja tinham como objetivo a difusão da fé e dos conceitos pregados por seus evangelizadores que os utilizavam como peças de divulgação e também como fonte de receita, daí resultando a impressão de muitas edições de cada publicação, o que acabou por popularizar ainda mais a impressão xilográfica nos países cristãos.

As primeiras publicações com mais de uma página começaram a abrir caminho para as primeiras obras impressas. O "ars morendi", ou arte de morrer, foi produzido em muitas versões diferentes e ampliou a presença dos impressos na sociedade europeia.

Assolada pela peste e por uma série de doenças que não poupavam ricos ou pobres, a morte era um personagem tão presente na vida da Europa que demandava assistência espiritual permanente. Para ajudar os enfermos a fazer a transição para outra vida, a Igreja criou um impresso que entrou para a história como um dos primeiros exemplos da impressão de uma narrativa feita em páginas sequenciais. O "ars morendi" é um marco na história da gravura.

Assim como ocorreu com os escribas, também os ilustradores gravaram seus nomes na história

Embora não se conheçam os nomes do primeiros ilustradores gravadores que produziram as imagens piedosas dos santos, as cartas de baralho, os *"ars morendi"*, e a *biblia pauperum*, seus nomes começaram a surgir assim que a impressão se estabeleceu e as primeiras casas editoras passaram a publicar regularmente seus livros e prospectos ilustrados.

Um pouco antes, porém, um personagem surgiu da neblina do anonimato e se fez conhecido não por seu nome, mas por seu apelido. O "Mestre do baralho", como ficou conhecido este personagem, produziu lindas ilustrações decorativas para as cartas do baralho que nesta época ainda não haviam estabelecido o uso de forma arbitrária dos desenhos com naipes e as figuras heráldicas dos reis, rainhas e valetes.

As ilustrações criadas por este ilustrador artístico mostravam pássaros e flores em desenhos altamente decorativos.

O livro ilustrado que é considerado como iniciador desta tradição foi produzido em Bamberg, na Alemanha, pelo impressor Albrecht Pfister que utilizou cinco xilogravuras para ilustrar o livro *A morte do lavrador,* publicado por volta de 1460. Neste livro, porém, o nome do ilustrador ainda não aparece registrado.

A introdução do livro ilustrado não foi feita sem resistência. Os iluminadores que ilustravam os livros manuscritos se ressentiram da perda progressiva de suas funções e as corporações de ofício ainda fortes numa Europa, que apenas iniciava a saída da Idade Média, tentaram obstruir a inclusão de ilustrações gravadas em madeira. Sabemos disso porque um dos editores daquela época precisou negociar um acordo (que foi registrado em 1471) com a guilda dos gravadores em madeira, que o obrigavam a contratar os membros desta corporação. Mesmo assim, com todas as dificuldades, a adoção de ilustrações como parte integrante dos livros tipográficos prosperou rapidamente e diversos exemplos de livros contendo ilustrações em grande quantidade estão registradas neste período. A obra *Vita et Fabulae* de Esopo continha 175 xilogravuras, enquanto no livro *De Muleribus Claris* de Boccaccio foram incluídas 80 ilustrações xilográficas.

Uma história curiosa e pitoresca nos revela o nome do primeiro ilustrador a aparecer num livro impresso. A história nos conta que o Prior da Catedral de Mainz decidiu fazer uma peregrinação à Terra Santa e levou com ele o ilustrador Erhard Reuwich para registrar as vistas e curiosidades desta longa viagem. Reuwich, um ótimo desenhista e observador atento, registrou os lugares por onde passaram e as ilustrações que fez integraram o livro que foi publicado na volta dos dois à cidade de Mainz em 1484.

Neste período, um grupo bastante numeroso de ilustradores de livros já exercia seu ofício nas diversas casas editoriais que surgiram na Alemanha na onda que se seguiu ao aparecimento da Bíblia de Gutenberg.

Além da gravura em madeira, podemos citar também a gravura em metal como espaço aberto ao trabalho de artistas e ilustradores que acabaram trabalhando na produção de imagens para a nascente indústria do livro.

A ilustração xilográfica passou a fazer parte de muitos impressos deste período que antecede a criação da tipografia, mas mesmo depois desta, a xilogravura ainda permaneceria por bom tempo como a forma mais utilizada para acrescentar imagens na impressão.

Estas xilogravuras que aparecem nas publicações do século XV trazem o padrão visual característico deste período, onde as poucas palavras impressas aparecem como legendas das imagens, pois ainda não se dispunha do recurso criado por Gutenberg que permitiu a impressão de grande quantidade de texto, o que acabou fazendo com que as imagens passassem a ser coadjuvantes do texto e se tornassem então "ilustrações" deste.

A Bíblia dos pobres, "biblia pauperum", produzida por volta de 1465, foi criada para ensinar o catecismo às pessoas semianalfabetas que só conseguiam compreender o texto através das imagens.

Um pouco antes da impressão da Bíblia de Gutenberg, foi produzida esta versão simplificada para ajudar no trabalho de catequese da Igreja que mostra eventos da vida de Cristo. Ainda não era possível imprimir o texto completo de uma Bíblia, por isso existiam apenas as versões manuscritas que um bom monge copista levava cerca de seis meses para produzir cada exemplar.

A gravura em metal tornou-se inicialmente o território atraente aos artistas plásticos. Alguns pintores e escultores renomados fizeram dela uma forma de expressão artística por excelência, diferente da gravura em madeira que esteve ligada desde seus primórdios à impressão e às artes gráficas.

Graças aos recursos muito mais sofisticados oferecidos pelo metal, a gravura neste material chamou desde o início a atenção dos artistas plásticos e ourives, por esta razão, alcançou antes mesmo da xilogravura uma elevada qualidade artística que só veio alcançar patamar semelhante com o trabalho de Dürer.

O combate dos 10 homens nus de Pollaiuolo é um marco na gravura em metal por estabelecer parâmetros técnicos e artísticos muito elevados.

Mais requintada que a gravura em madeira por permitir traços mais finos e a inclusão de texturas tonais, a gravura em metal, praticada inicialmente por ourives, alcançou um alto padrão artístico e revelou desde seu início o nome de seus autores. O mais destacado deles, cujo trabalho aparece já no início desta atividade, é Martin Schongauer (1430-1491), que, além de gravador, conquistou fama internacional como pintor. Schongauer produziu uma obra prima dos primórdios da gravura em metal intitulada: "A tentação de Santo Antão", gravura que revela toda a sofisticação de sua técnica refinada.

Diferente da xilogravura, que veio inicialmente das artes industriais como a estamparia de tecidos e a produção de peças para impressão nas oficinas gráficas, a gravura em metal atraiu artistas plásticos, pintores e gravadores como Schongauer e o italiano Antonio Pollaiuolo (1431-1498) pintor e escultor de renome que produziu uma das obras mais marcantes desta fase. Produzida em 1465 e intitulada *"Combate dos Dez Homens Nus"*, esta extraordinária gravura nos mostra um desenho da figura humana em movimento com volumes que nos lembram as esculturas clássicas em bronze, arte na qual Pollaiuolo era um mestre.

Quando lembramos dos ilustradores de livro que ajudaram a construir a indústria editorial na Europa, não podemos deixar de citar aquele que foi considerado o maior artista alemão e cujo trabalho na gravura em madeira nunca encontrou rival.

Dürer nasceu em Nuremberg no ano de 1471 e desde cedo, aos 15 anos de idade, tornou-se aprendiz do principal pintor desta cidade, Michael Wolgemut, com quem aprendeu pintura, gravura em madeira e em metal.

Seu trabalho representa um marco inigualável na gravura, graças à maestria artística por ele alcançada.

Dürer não foi apenas um artista de talento excepcional, mas também um intelectual respeitado pelo conhecimento da cultura de sua época.

Uma pessoa educada que visitou a Itália, a França, a Holanda e a Suíça para conhecer a arte e os artistas destes países. Muitos escritos deixados por ele demonstram seu gênio e a consciência que tinha da sua obra e o dos seus dons, além da força de uma personalidade luminosa. Homem da renascença, se interessou por muitos assuntos de sua época.

Como a maioria dos artistas renascentistas, Dürer começou como aprendiz do pintor e ilustrador Michael

Wolgemut trabalhando numa cidade que era um importante centro de produção de gravuras e de livros. A cidade de Nuremberg era também um centro de humanismo florescente na Europa no final do século XV.

A obra deste grande artista merece destaque quando se trata da gravura ocidental, porque ele é reconhecidamente um gravador extraordinário cujo trabalho alcançou uma qualidade artística inigualável. Suas xilogravuras foram reunidas pelo Dr. Willi Kurth, maior especialista na obra de Dürer no livro *"The Complete Woodcuts of Albrecht Dürer"*. Através deste livro, podemos conhecer o sofisticado trabalho que ele produziu e apreciar suas maravilhosas xilogravuras comentadas uma a uma com sua história e significados.

Albrecht Dürer (1471-1527), entre as muitas atividades que exerceu, trabalhou um pequeno período ilustrando livros e nos legou uma vasta obra como desenhista, ilustrador, pintor, escritor e gravador.

A nascente indústria gráfica editorial se beneficiou do trabalho dos ourives e gravadores em madeira que colocaram imagens na monotonia do texto corrido

A xilogravura europeia se beneficiou do trabalho com a madeira que era bastante desenvolvido na região onde entalhes super elaborados eram vistos por toda parte, seja em residências, palácios ou igrejas, por isso, muitos marceneiros contribuíram com sua arte e habilidade na confecção dos primeiros blocos de madeira para impressão, ajudando a elevar o padrão visual desta atividade.

O mesmo ocorreu quando os ourives e ornamentadores de armas, sofisticados artesãos do metal quando passaram a produzir matrizes de impressão em placas de cobre, fazendo com que a gravura em metal abrisse novos horizontes e galgasse um patamar elevado de qualidade artística. A gravura em metal, cujo início na Europa remonta ao mesmo período em que Gutenberg imprimiu pela primeira vez, permitia obter detalhes mais sofisticados, com traços finos e sombreados elaborados. A gravura em metal oferecia maior precisão de detalhes e a qualidade técnica das impressões ganhou muito com a adoção desta técnica, inclusive pelo fato dos ourives serem profissionais mais refinados que os marceneiros.

Foi com Albrecht Dürer que a xilogravura atingiu seu ponto mais alto.

Este, que é considerado o maior artista alemão, mostrou com seu soberbo trabalho que a xilogravura é capaz de criar obras de arte de nível tão elevado como as demais artes plásticas.

Depois de Dürer, a xilogravura só veio alcançar expressão artística tão soberba nos séculos XVIII e XIX, quando a gravura japonesa abriu uma nova página na história da gravura ao incluir as cores e o desenho gráfico sofisticado de seus mestres. Dürer também atuou como ilustrador de livros, pois este artista produziu, quando jovem, ilustrações para a florescente indústria editorial alemã.

Sua obra felizmente foi quase totalmente preservada e pode agora ilustrar este livro assim como fez em alguns deles no passado. Na imagem acima, vemos a página de uma Bíblia com quatro ilustrações de Dürer impressas entre 1500 e 1505.

Mas a gravura em metal só veio a ganhar destaque depois que Gutenberg já havia consolidado seu método de impressão.

O grande valor e a contribuição da gravura em madeira para a fusão destas quatro pequenas histórias repousam justamente no conceito de "impressão" que ela trouxe da distante China até a Europa do início do Renascimento. Sem ela, dificilmente chegaríamos ao resultado obtido pela imprensa, mas esta já é a história que vem a seguir.

Partindo da China onde foi criada por volta do ano 670 durante a dinastia Tang, a xilogravura alcançou seu apogeu com a obra de Albretch Dürer na Alemanha no início do Renascimento.

Foi uma longa jornada que levou quase 900 anos para alcançar este estágio, a impressão com matrizes de madeira abriu uma nova perspectiva para a reprodução do conhecimento e criou a base sobre a qual a tipografia ou impressão com tipos móveis se consolidaria como a tecnologiaz decisiva no processo que levou a civilização a dar o grande salto.

Embora a impressão xilográfica tenha sido mais efetiva na reprodução de imagens que na impressão de textos, ela contribuiu de forma determinante para a consolidação da atividade gráfica, formando impressores e gerando oficinas que mais tarde imprimiriam milhões de livros que mudaram para sempre a estrutura cultural da Europa e dos europeus.

4. PEQUENA HISTÓRIA DA IMPRENSA

PEQUENA HISTÓRIA DA IMPRENSA

INTRODUÇÃO

O que se convencionou chamar de imprensa é na verdade a fusão de um conjunto de técnicas materiais e processos cujo resultado é a impressão em larga escala de textos e imagens

A cidade de Mainz, na Alemanha, foi o epicentro da revolução iniciada com o processo de impressão com tipos móveis criados por Johannes Gutenberg.

Quando todos os principais componentes desta revolução já estavam disponíveis, mesmo assim foram necessários 20 anos de pesquisa para conseguir fundi-los num processo eficiente de impressão, capaz de gerar cópias de qualidade equivalente às que eram produzidas pelos monges copistas que trabalhavam nos mosteiros.

Gutenberg sabia que a alta qualidade alcançada pelos escribas, com sua arte elaborada ao longo de séculos de trabalho perseverante, havia estabelecido um parâmetro difícil de ser igualado e se o produto impresso não alcançasse qualidade similar, jamais seria aceito. Por isso perseguiu por duas décadas a perfeição e esteve bem perto de alcançá-la.

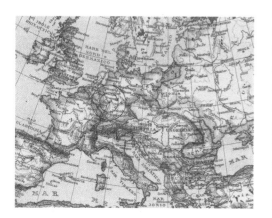

Este procedimento foi consolidado na Alemanha em meados do século XV por Johannes Gutenberg (1395-1468).

Embora haja controvérsias sobre esta invenção, a história registrou Gutenberg como inventor da imprensa por que seu legado gerou na Alemanha uma indústria que rapidamente a transformou num grande centro de produção editorial, coisa que não aconteceu em outros lugares com a mesma intensidade.

O processo desenvolvido por Gutenberg teve consequências imediatas e grande repercussão na região onde ele foi criado, por isso seu nome conquistou o lugar que merece na história da civilização, e quanto a isso não resta dúvida.

Assim sendo, chegamos à culminância de um processo que, como nos ensinou o mestre Darwin, é o resultado de avanços cumulativos que foram se incorporando ao conhecimento humano e evoluíram até se transformar numa técnica de impressão que utiliza tipos móveis feitos de uma liga metálica específica, organizados em páginas que uma vez entintadas e colocadas numa prensa de torção e pressionadas contra uma folha de papel, resulta numa folha impressa que pode ter diversos destinos. Esta folha pode ser distribuída de forma unitária, constituindo-se num *panfleto* ou *cartaz*, pode ser dobrada e se constituir num fôlder de 4 páginas ou *folheto* com páginas soltas intercaladas, ou ainda ser juntada a outras folhas que, uma vez encadernadas, se transformam no que chamamos de livro.

O livro já existia, uma vez que se originou dos *"códices"* ou folhas de pergaminho encadernadas, o ancestral deste que você, leitor, tem em mãos. Os *códices*, por sua vez.

substituíram o *"volumen"* rolos de pergaminho contendo as escrituras.

Os tipos móveis já existiam desde a antiguidade remota. Foram feitos de argila cozida, madeira, e esculpidos em outros materiais, mas sua utilização era limitada, uma vez que não se conseguia produzir letras pequenas com a precisão de encaixe e a durabilidade que foi alcançada com os tipos metálicos.

A prensa de torção utilizada por Gutenberg já existia, era utilizada para prensar vinho ou fazer azeite em diversas regiões da Europa.

O papel, o alfabeto, a letra gótica, a tinta e a encadernação já existiam. Enfim, o trabalho de Gutenberg tem seu grande valor por ter ele conseguido fundir tipos individuais precisos, numa liga metálica considerada ideal, composta de chumbo, estanho e antimônio, trabalho este que lhe exigiu anos de pesquisa e vultuosos investimentos.

Gutenberg empreendeu uma árdua jornada de pesquisa, reunindo todos os elementos que lhe permitiram imprimir aquela que o tornaria famoso para a posteridade. Para imprimir a Bíblia Latina de 42 linhas, diversos obstáculos tiveram que ser vencidos para conseguir ajustar todos os detalhes e assim lograr imprimir com a qualidade e a precisão que ele conseguiu neste trabalho. O grau de dificuldade contido nesta conquista é algo que só pode ser avaliado por quem conhece de verdade as dificuldades da impressão tipográfica. Gutenberg pode então ser considerado o criador da impressão tipográfica (impressão com tipos móveis metálicos), mérito que dele ninguém pode tirar, embora muitos tenham tentado ao longo do tempo, pois até livros existem que tentam negar ser ele o autor desta criação. Tudo porque vários empreendedores da Europa estavam em busca de uma solução satisfatória para o desafio de imprimir com tipos móveis. Assim como vários naturalistas antes de Darwin se dedicaram ao tema da origem das espécies, também a tipografia foi objeto de uma busca frenética, que resultou em alguns trabalhos que chegaram bem perto da solução definitiva. O que mais se aproximou disso foi o do holandês Laurens Janszoon Coster em cuja oficina na cidade de Harlen foram utilizados tipos móveis de madeira e por isso o crédito da criação da imprensa é também reivindicado a ele pelos holandeses.

O fato é que, em 1450, a técnica da impressão utilizando tipos móveis de metal já havia sido dominada, e, em 1455,

O grande obstáculo a ser vencido pela nascente impressão com tipos móveis era a alta qualidade artística alcançada pelos manuscritos medievais, um padrão de referência já estabelecido.

A beleza dos manuscritos medievais com suas iluminuras coloridas e sua caligrafia elegante estabeleceram um padrão de referência para o livro que precisava ser seguido pelo livro impresso, caso contrário, ele não seria aceito como algo valioso e caro, como eram os livros naquele período. Por esta razão, Gutenberg empregou tanto tempo e dinheiro para conseguir fazer uma Bíblia que fosse parecida visualmente com os manuscritos. Letras com ligaduras para imitar a caligrafia e iluminuras pintadas à mão foram acrescentadas a sua obra com este objetivo.

estava pronto na cidade de Mainz, na Alemanha, o primeiro grande projeto de impressão de um livro utilizando tipos móveis de metal que fez com que a *tipografia* desse seu primeiro e decisivo passo. A história desta publicação, entretanto, é cheia de detalhes trágicos.

Com grandes dificuldades, Gutenberg cria a imprensa, mas não desfrutará das glórias de sua criação

Para contar a história da imprensa, é preciso contar a história daquele que arriscou tudo e fez da busca por uma solução ideal para a impressão com tipos móveis de metal o grande projeto de sua vida.

Johannes Gensfleisch zur Laden zum Gutenberg nasceu na cidade de Mainz em 1395, sendo o terceiro filho de Friel Gensfleisch, um rico ourives, figura influente na sociedade local.

Desde menino, Gutenberg aprendeu a profissão do pai e, como aprendiz de ourivesaria, obteve os conhecimentos que lhe seriam úteis mais tarde. Entretanto, nosso jovem futuro impressor, demonstrou desde cedo a capacidade de se meter em complicações, aparentemente por não saber lidar bem com sociedades comerciais e com as leis vigentes.

A primeira destas confusões resultou de seu envolvimento na liderança de uma revolta que colocou de um lado os integrantes das guildas de ofício que, buscavam maior representação política na sociedade local, e do outro os nobres rurais e burgueses importantes, numa disputa pelo poder.

Por causa desta disputa, Gutenberg foi banido de Mainz e teve de se refugiar em Estrasburgo, onde deu início em 1428 a um próspero negócio de joalheria. Dez anos depois, ele formou uma sociedade comercial nesta cidade com Andreas Hellmann, que possuía uma pequena fábrica de papel, e com Andreas Ditzehen, ourives como ele.

O objetivo da sociedade era produzir espelhos, empregando um método secreto que Gutenberg havia criado, mas o empreendimento não deu certo. Um novo contrato foi firmado entre os sócios, mas, com a morte de um deles, a sociedade acabou de forma litigiosa com os irmãos do falecido, abrindo um processo contra Gutenberg, que desta vez se saiu um pouco melhor, pois a corte lhe deu ganho de causa. Observando os documentos deste processo, ficamos sabendo que já nesta época, em 1439, Gutenberg estava envolvido

A dedicação obstinada de Gutenberg a seu grande projeto o levou a empregar todos os recursos de que dispunha e os que tomou emprestado para viabilizar a conclusão da Bíblia que imprimiu.

Ele sabia desde o início que precisava igualar em qualidade os manuscritos medievais e não poupou esforços neste sentido. Pela grandiosidade de sua obra impressa em dois volumes com um total de 1282 páginas, os custos de produção foram astronômicos, só de velino de alta qualidade para a confecção dos 30 exemplares de luxo, que compõem a série original de 210 Bíblias, foram necessárias 76.920 peles.

O velino era obtido da pele de bezerros recém-nascidos.

com processos de impressão, pois diversas testemunhas que depuseram no inquérito afirmaram que os sócios possuíam uma gráfica cujo estoque continha "tipos", chumbo e outros metais e o que parecia ser um "molde de fundição". Ficamos sabendo também através dos depoimentos que, desde 1436, ele estava adquirindo materiais gráficos.

Terminado o processo, logo depois desta tumultuada experiência em Estrasburgo, Gutenberg voltou para Mainz, onde, em 1440, deu início a um novo empreendimento que teria um destino semelhante ao anterior, indo parar na barras dos tribunais. Gutenberg revelou desde cedo curiosidade para a invenção e habilidade de pesquisador, pois a confecção de um tipo móvel obedece a tantos parâmetros que não poderia ser feita sem estudos, testes e cálculos relevantes. Em primeiro lugar, devemos ter em mente que nosso alfabeto é formado por letras com largura que variam do "I" ao "O", o que exige diversos ajustes laterais. Em segundo lugar, o alinhamento tanto lateral quanto na altura precisa ser preciso para que a qualidade da impressão resulte uniforme. Depois, é necessário produzir cada tipo com o cuidado que só um ourives poderia dedicar a cada peça, que era fundida e depois trabalhada à mão para eliminar rebarbas e deformidades mínimas. Enfim, um trabalho muito especial e com características técnicas que exigiam mais do que o conhecimento do ourives, era preciso conhecer também a técnica e os requisitos da impressão, incluindo o design dos tipos de letra, cujo desenho por si só já exigia um conhecimento relevante.

A criação dos tipos móveis foi apenas o primeiro pilar de uma construção elaborada que exigiu anos de pesquisa e grandes investimentos.

Os tipos móveis foram, portanto, o primeiro passo, mas a prensa tipográfica criada por Gutenberg também exigiu dedicação, pois entre os vários modelos de prensa utilizados naquele período, ele precisou escolher uma delas, a que melhor se adaptava ao trabalho que pretendia executar e ao resultado que pretendia obter. Sua escolha recaiu sobre a prensa de vinho e foi a partir de seu modelo que ele desenvolveu uma versão adequada à qualidade que era necessária no processo de impressão. O modelo criado por ele é tão preciso e eficiente que permaneceu em uso, com pouquíssimas alterações, por mais de 400 anos até que surgisse uma solução melhor para a execução desta mesma função.

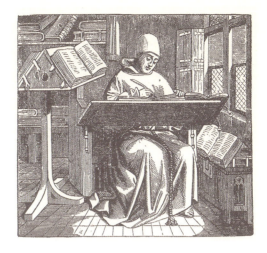

Os monges que dedicavam seus dias a uma arte serena e elegante foram substituídos por trabalhadores empenhados em produzir mais cópias de um mesmo original. Gutenberg tentou fazer isso sem perder a elegância e a beleza do trabalho dos calígrafos dos mosteiros.

Produzir mais cópias era o objetivo. Manter a qualidade das escrituras era necessário. Conseguir profissionais capazes de conseguir esta proeza foi difícil, mas, aos poucos, passo a passo, o objetivo foi sendo conquistado, não sem enfrentar uma grande resistência. Muita gente se opôs ao que Gutenberg estava fazendo por enxergar que uma grande transformação seria inevitável.

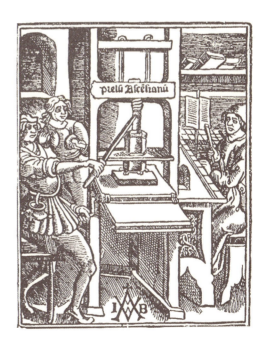

A pequena peça que iniciou uma grande revolução era confeccionada utilizando-se a mesma técnica adotada na cunhagem de moedas. Gutenberg, por ser ourives de origem, conhecia bem as técnicas da ourivesaria e a fusão de metais para obter as ligas que precisava.

O tipo móvel metálico resume a obra de Gutenberg e é o ponto de partida para o sistema de impressão que desenvolveu. Feito de uma liga metálica composta por chumbo, estanho e antimônio, tinha a precisão de uma joia e os espaçamentos irregulares entre os diversos tipos de letra exigiram cálculos complexos.

A precisão e a beleza da tipografia que conseguiu impressionam até hoje os designers e os especialistas das artes gráficas. Gutenberg logrou alcançar seu intento, embora não tenha desfrutado de seus resultados.

Juntar todas as peças para fazer funcionar uma oficina de impressão nos moldes que Gutenberg montou exigiu perícia técnica, trabalho de pesquisa e habilidade empresarial. Tudo isso foi feito e funcionou.

A gráfica criada por Gutenberg tinha várias diferenças em relação às outras gráficas que operavam até então. A principal diferença era sem sombra de dúvida o gabinete de tipos móveis com suas gavetas características cheia de divisões para acomodar os recém-criados tipos metálicos. Mas a prensa de torção que ele adaptou, provavelmente das prensas de vinho, estava no centro de toda a operação.

Obter a tinta adequada foi outra tarefa difícil, pois a tinta utilizada na xilogravura, a técnica de impressão utilizada até então, não era adequada ao metal, que não absorvia o excesso de umidade como fazia a madeira.

Gutenberg pesquisou e criou então uma nova tinta, utilizando óleo de linhaça fervido com negro de fumo, que resultava numa pasta viscosa que aderia bem ao tipo metálico e era retida pelo papel com facilidade e sem escorrer.

Como vemos, uma verdadeira corrida de obstáculos, em busca de soluções que pudessem remover cada um deles, foi empreendida neste processo.

Gutenberg dedicou 20 anos de trabalho até chegar à impressão de seu primeiro livro e para a etapa final, que exigiu vultuosos investimentos, ele precisou tomar dinheiro emprestado. Graças aos relacionamentos que tinha na guilda local, relacionamento que havia começado com seu pai e seus confrades, Gutenberg conseguiu de um ourives proeminente na cidade de Maiz os recursos que precisava. Foi assim que entrou na história o ourives Johann Fust (1400-1466), que emprestou a ele 800 florins. Era o início de uma parceria e depois a sociedade que terminaria mal.

A tragédia final teve início quando, por volta de 1452, nosso herói teve a ideia de produzir uma Bíblia impressa na forma de livro e para isso precisou fazer um segundo empréstimo, cuja garantia dada em troca foi aquilo que ele tinha de mais precioso, os equipamentos de sua gráfica. Graças a este segundo empréstimo, Fust tornou-se sócio de Gutenberg na *"produção de livros"* e o trabalho pôde continuar.

Antes da sociedade com Fust ser constituída, Gutenberg já havia impresso diversas publicações, entre elas alguns calendários, um poema alemão sobre o juízo final e a gramática de Donato. Foram impressas também milhares de "cartas de indulgência" promulgadas pelo Papa Nicolau V perdoando de seus pecados aqueles que doaram dinheiro para apoiar a guerra contra os turcos.

Mas mesmo produzindo e vendendo sua produção, os investimentos necessários para as pesquisas, o aperfeiçoamento do método e a compra de insumos para a impressão da "Bíblia Latina", uma obra grandiosa que possuía 1282 páginas, acabaram por exigir o segundo empréstimo e este, por sua vez, foi o estopim do processo que Fust acabou movendo contra Gutenberg ao executar judicialmente a dívida, exigindo o pagamento de tudo que lhe havia emprestado mesmo antes da obra estar concluída, ocasião em que o dinheiro investido seria então recuperado e o empréstimo pago.

Este aspecto do processo chama atenção, pois, no final do ano de 1455, quando os trabalhos estavam próximos da conclusão, a dívida foi executada sem piedade. Quando os tribunais deram ganho de causa a Fust, Gutenberg, segundo consta, enviou dois amigos para implorar mais tempo, mas seu pedido não foi atendido e Fust tomou posse do equipamento de impressão, do estoque de material e de todo o trabalho em andamento.

Vale a pena ressaltar que, embora seja o primeiro livro impresso com tipos móveis, ou seja, aquele que inaugura uma nova era para a produção de livros, a Bíblia de Gutenberg pretendia igualar a qualidade e a beleza alcançada pelo trabalho manual dos monges em suas Bíblias elaboradas com esmero e devoção ao longo de meses de trabalho minucioso. Ele sabia que não conseguiria comercializar por altos valores um produto inferior e, por isso, teve de investir muito além de suas posses para conseguir gerar algo similar às Bíblias manuscritas, ornamentadas com lindas iluminuras, e foi assim que acabou na falência.

Este final trágico da verdadeira odisseia empreendida por Gutenberg até chegar à publicação da sua Bíblia, que lhe teria rendido o dinheiro necessário para pagar suas dívidas e enriquecer de vez, como aconteceu com seu financiador e algoz, demonstra que a história nem sempre faz justiça aos grandes criadores, pois quando finalmente foi publicada a *Bíblia de Gutenberg*, era o nome de Johann Fust que nela constava como editor.

Tudo foi empenhado para concretizar a impressão pretendida por Gutenberg e seu projeto finalmente foi concluído. Mas não sem que antes seu criador fosse processado por sua dívida e acabasse perdendo tudo o que arduamente construíra.

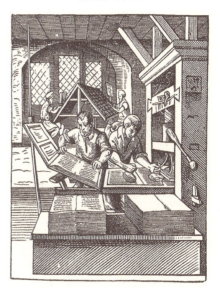

Devido aos altos investimentos realizados para a produção da Bíblia, cujos dois enormes volumes consumiram recursos vultuosos, Gutenberg precisou obter empréstimos que não conseguiu saldar e, por causa disso, acabou perdendo na justiça a gráfica com que tanto sonhou.

Outro personagem importante nesta tragédia não era ourives, mas sim um gráfico de ofício

Para conseguir fazer com que a oficina gráfica recém-entregue a ele continuasse funcionando sem seu criador, Fust contou com o apoio do principal assistente de Gutenberg, Peter Schoeffer, um qualificado profissional que conhecia tudo sobre impressão por ser gráfico de ofício e haver participado dos desenvolvimentos e progressos obtidos naquela oficina.

Quando finalmente a Bíblia foi lançada, não era o nome de Gutenberg que constava como impressor. Os novos donos de sua tipografia assinaram a obra de sua vida.

Ao tomar posse da gráfica, Fust convidou o gráfico e braço direito de Gutenberg, Peter Schoeffer, para ser sócio na continuação do empreendimento. Os dois criaram então uma casa impressora cujo selo podemos ver acima, que se tornou uma das maiores da Europa e por gerações permaneceu ativa publicando livros e imprimindo.

A partir do lançamento da Bíblia, em 1455, as tipografias se espalham rapidamente pela Europa, multiplicando a capacidade de produção de livros no continente.

Primeiro foi a Alemanha, depois veio a Itália, onde a tipografia começou dez anos depois, em 1465. Seguiu-se a Suíça, em 1468; a França, em 1470; a Holanda, em 1471; a Bélgica, 1473; a Hungria, em 1476; a Espanha, em 1474; Checoslováquia, em 1475; Polônia, em 1476; Inglaterra, em 1477; Áustria e Dinamarca, em 1482. Em Portugal, a tipografia chegou em 1487. A difusão da tipografia pelo mundo se fez por contágio, era uma ideia tão boa, com resultados tão impressionantes, que todos foram aderindo com entusiasmo.

A união de Fust, que assumiu as funções comerciais, com Schoeffer, que continuou comandando a impressão, tornando-se sócio e posteriormente genro de Fust ao se casar com a filha deste, fez com que a empresa Fust & Schoeffer se tornasse a principal gráfica de seu tempo sendo posteriormente conduzida por seus descendentes que acabaram constituindo uma dinastia de impressores e editores que durou mais de um século.

Peter Schoeffer merece crédito no desenvolvimento inicial da imprensa, pois, embora liderado por Gutenberg, devemos nos lembrar que este era ourives de formação, enquanto Schoeffer, por ser gráfico, certamente contribuiu bastante e foi ele, segundo se supõe, quem desenhou as letras para os tipos e quem finalizou a impressão da Bíblia em sociedade com Fust.

Gutenberg arruinado terminou seus dias na miséria, falecendo alguns anos depois que sua preciosa criação foi tirada de suas mãos.

O grande legado de Johannes Gutenberg é a fusão realizada em sua oficina gráfica da escrita com o papel, a gravura e a imprensa tipográfica, feito que resultou numa conquista tecnológica sem precedentes, pois o impacto desta fusão repercutiu imediatamente na proliferação de gráficas por toda a Europa. Estas gráficas promoveram a publicação de milhares de impressos e livros que influenciaram de tal forma a sociedade que o processo civilizatório sofreu uma grande aceleração e deu um salto que o colocou num novo patamar. A partir da invenção da imprensa, todas as grandes descobertas e os pensamentos que mais influenciaram o destino dos homens encontraram nos livros sua morada e o terreno fértil de onde fizeram florescer as mais importantes ideias que o mundo veio a conhecer.

A partir da publicação da Bíblia de Gutenberg, uma explosão de gráficas dotou as principais capitais e cidades europeias deste tipo de estabelecimento, que passaram a produzir em ritmo frenético, tornando a leitura e o conhecimento acessível a um número muito maior de pessoas que, por esta razão, começaram a participar mais e com melhores argumentos da vida de um continente que ingressava no renascimento, período em que as artes e o saber floresceram, iluminando a vida das pessoas e deixando para trás uma era de escuridão.

A impressão tipográfica cria um novo tipo de livro. Os "Incunábulos"

Nos primeiros 50 anos a partir da impressão inicial protagonizada por Gutenberg, foram publicados na Europa cerca de 28.000 títulos em 18 idiomas diferentes. Os livros publicados neste período, considerado a "primeira infância da impressão", receberam por este motivo a alcunha de "Incunábulos", designação criada em 1639 por Bernhard von Mallinckrodt que arbitrariamente instituiu o termo para designar os livros publicados antes de 1501, ou seja, de 1450 até 1500.

A Bíblia de Gutenberg é o "Incunábulo" mais importante que existe e desta magnífica obra restam ainda, como tesouros preciosos das bibliotecas, 48 exemplares de uma tiragem original de 280 exemplares, sendo 180 em papel e 30 em velino.

Uma relação recentemente publicada sobre os "livros que mudaram o mundo" revela um dado curioso. A quase totalidade destes livros foi publicada depois da criação da imprensa e exerceram sua grande influência justamente porque foram "publicados" e difundidos em grande escala.

Não é preciso usar mais adjetivos para explicar a influência da imprensa, quem acompanhou até aqui a fusão das histórias que possibilitaram sua criação sabe perfeitamente que estas quatro pequenas histórias, quando se fundiram, mudaram para sempre o mundo em que vivemos...

...São quatro pequenas histórias que juntas mudaram o mundo.

E assim chega ao fim nossa viagem que partiu da Suméria no terceiro milênio antes de cristo para encontrar seu destino na prensa de Gutenberg na cidade de Mainz, na Alemanha, no ano da graça de 1455.

Um marco na história, o início da revolução do conhecimento? Muito se disse e se escreveu sobre a Bíblia de Gutenberg, mas tudo que se disser sobre ela é insuficiente para expressar seu amplo significado.

O livro que abriu a estrada por onde passou boa parte do conhecimento da humanidade contém os evangelhos cristãos, pois este era o tema mais evidente e importante no momento em que foi lançado. A Bíblia era necessária e desejada, mas, em seguida, uma infinidade de livros abriram para a humanidade as portas do conhecimento e atraíram para a causa do saber as mentes mais privilegiadas, os autores mais talentosos, os cientistas mais brilhantes e os pensadores mais eloquentes. Todos escreveram livros que se tornaram famosos, foram lidos com avidez e interesse e difundiram, de forma sem precedentes, as ideias que continham.

Foi a obra de Gutenberg que abriu esta porta e a história fez jus a este personagem notável que empenhou tudo o que tinha para conseguir imprimir mais cópias de um mesmo escrito.

A contribuição de Gutenberg na fusão das 4 pequenas histórias

Capitulares, iluminuras e filigranas pintadas à mão davam à Bíblia de Gutenberg um aspecto similar ao dos livros feitos à mão. Este foi um dos recursos usados no projeto gráfico desta publicação.

Os outros foram a fundição de caracteres ligados para seguir o movimento natural da mão na caligrafia, Muitas letras com ligações foram produzidas com esta finalidade, o que aumentou muito a quantidade de tipos necessários para a composição do texto. Outro recurso foi a adoção do velino como suporte para a edição de luxo que contou com 30 exemplares impressos neste material primoroso.

ara conseguir seu intento de produzir a Bíblia de 42 linhas utilizando um novo processo de impressão com tipos móveis, Gutenberg empregou todos os seus recursos, empreendendo um intenso trabalho de pesquisa que levou mais de 20 anos. Existem registros documentados dos depoimentos prestados no processo que sofreu em Estrasburgo, que já em 1436 ele vinha aplicando grandes somas de dinheiro na aquisição de material para a gráfica em que era sócio nesta cidade.

Nesta pesquisa, ao longo dos anos, ele precisou solucionar uma série interminável de problemas técnicos, cujo resultado final abriu um horizonte sem precedentes para a difusão das ideias e do conhecimento.

Gutenberg era originalmente um ourives, portanto, a arte que aprendeu ainda na juventude se destinava a outro tipo de atividade, bastante diferente das artes gráficas que acabou adotando como campo de trabalho, por isso, ele precisou aprender sobre uma nova atividade.

A grande contribuição de Gutenberg para o processo de impressão foi a criação dos tipos móveis metálicos e sua criação contempla a fusão de algumas tecnologias já existentes, mas aplicadas a um novo propósito, a adoção de técnicas e materiais já existentes e disponíveis e a criação de soluções originais. Vamos a elas:

Cunhagem do tipo

Inicialmente, para criar o tipo a ser fundido, foi utilizada a técnica de cunhagem de moedas e medalhas, uma técnica conhecida desde a antiguidade e utilizada pelos ourives para a produção de medalhas e gravações.

Liga metálica

O segundo passo foi a fusão de metais, pois a liga metálica utilizada era composta de chumbo, estanho e antimônio, em quantidades precisas para gerar o resultado pretendido, ou seja, a liga foi criada e testada para a finalidade a que se destinava.

Molde da peça a ser fundida

O terceiro passo exigiu ainda mais tecnologia e foi a criação de um molde de duas peças, não se sabendo com certeza se este tipo de molde já existia ou foi uma criação original. O fato é que para fundir os tipos, Gutenberg desenvolveu um molde em forma de dois "L" contrapostos que podiam ser abertos quando o metal esfriava.

Para a confecção dos tipos móveis, foi necessário escolher uma forma de letra e a escolha recaiu naturalmente na letra gótica, pois o alemão gótico estava em vigor naquele período.

Forma de impressão ou "rama"

Para a impressão, era necessário produzir um molde da página e, para isso, os tipos eram alinhados lado a lado e as linhas montadas num caixilho de metal que os mantinha presos e alinhados com a ajuda de calços e cunhas que eram utilizados para fixar melhor o conjunto, pois as peças não podiam se mover quando pressionadas contra o papel.

A rama tipográfica, utilizando moldura de metal, precisou ser criada para se ajustar ao novo processo de impressão.

Tinta de impressão para metal

O passo seguinte foi desenvolver uma tinta adequada ao metal, uma vez que a tinta utilizada nas gráficas naquele momento eram destinadas à impressão com blocos de madeira (xilografia) e não aderiam corretamente ao metal, pois este, ao contrário da madeira, não absorvia a tinta bastante líquida utilizada até então. Isto exigiu a criação de uma nova tinta de base oleosa que aderisse firmemente ao metal sem escorrer e pudesse se fixar no papel sem borrar.

A solução foi utilizar o óleo de linhaça e transportar para a impressão as técnicas de produção de tintas utilizadas pelos pintores artísticos, como o italiano Tintoretto, o holandês Pieter Bruegel "o velho" e o alemão Hans Holbein, que atuavam nesta época. Holbein inclusive pintou iluminuras em livros e produziu em 1538 uma série de xilogravuras intitulada " A dança da morte". Albrecht

Justiça seja feita, durante 20 anos Gutenberg trabalhou, pesquisou e dominou cada um dos aspectos aqui relacionados. São oito pontos fundamentais que constituem este sistema.

Não é pouca coisa o que foi feito. Quando colocamos tudo junto desta forma, podemos observar cada detalhe descrito nas pequenas conquistas que foram se somando para formar o processo de impressão tipográfica desenvolvido por Gutenberg.

A fusão da escrita com a gravura que nos legou a impressão, com os tipos móveis e o processo de impressão consolidado neste processo, criou uma plataforma de publicação que serviu de base para um enorme processo de evolução que beneficiou sobremaneira a sociedade como um todo.

Dürer (1471-1528), considerado o maior entre os artistas alemães, trabalhou como ilustrador de livros em Nuremberg e produziu algumas das mais sofisticadas xilogravuras que o mundo conheceu. Havia, portanto, um intercâmbio entre a pintura e a produção de livros, o que certamente ajudou na solução da tinta de impressão a ser utilizada.

Prensa para impressão

Diversos tipos de prensa, para finalidades diversas, eram utilizadas na Europa, mas a prensa de Gutenberg foi construída de acordo com a finalidade a que se destinava. Ele utilizou como base uma prensa de torção semelhante ao tipo utilizado, por exemplo, para a prensagem de uvas na fabricação de vinho e de azeitonas para a extração do azeite.

Varias adaptações precisaram ser feitas no modelo originalmente adotado para que se tornasse realmente uma prensa destinada à impressão tipográfica. Mas isso não representou problema maior, uma vez que os marceneiros e ferreiros da época eram perfeitamente capazes de proceder estas adaptações que se destinavam basicamente em permitir que a forma de tipos fosse puxada para fora da prensa para ser entintada novamente, o que resultou na inclusão de um suporte sobre trilhos que facilitava esta operação. Também era necessário evitar borrões e manchas no papel que ocorriam durante a impressão e, por isso, foram acrescentados apetrechos como almofadas e máscaras que serviam também para nivelar as variações de altura que ocorriam na montagem da forma.

O papel

Hoje sabemos, graças à informação do Museu Gutenberg, que o papel utilizado na impressão da Bíblia era proveniente da cidade de Fabriano, na Itália, que até hoje é produzido e considerado um papel de qualidade excelente.

Sabemos que já existiam fábricas de papel na Alemanha, mas o papel utilizado foi importado, certamente porque se verificou que a qualidade do papel faria diferença no processo, e isso era verdadeiro tanto na época quanto hoje em dia com as impressoras modernas e computadorizadas. O papel é responsável pela maior parte da qualidade que um impresso apresenta.

Certamente Gutenberg experimentou e escolheu o melhor papel disponível na época.

O papel é parte fundamental no processo de impressão e responde por boa parte do resultado alcançado. Por isso, Gutenberg dedicou atenção especial a este item.

Sabemos por meio do Museu Gutenberg, em Mainz, que o papel utilizado por ele na confecção da Bíblia veio da cidade de Fabriano, na Itália. Isso demonstra que havia uma real preocupação com a qualidade da publicação que estavam produzindo, pois o papel Fabriano é reconhecido até hoje por sua excelente qualidade. Foi esta indústria que introduziu melhorias importantes na fabricação do papel quando iniciou sua produção em 1276.

A produção em série

Alguns especialistas e estudiosos da indústria consideram que a oficina tipográfica de Gutenberg introduziu alguns dos princípios básicos da linha de montagem e da produção em série, pois a produção de um livro, da forma como foi feita inicialmente, demandava o trabalho ordenado e em série, executados por diversos trabalhadores com atribuições diferentes.

O tipógrafo apanhava cada letra numa caixa de tipos e os alinhava numa forma de impressão, o entintador aplicava a tinta sobre os tipos alinhados na forma e o impressor imprimia. Havia o alimentador, responsável por colocar, retirar da impressora a folha de papel e colocá-la para secar, e assim por diante. Sem dúvida, um exemplo de produção em linha de montagem que utilizava moldes, formas e procedimentos padronizados que permitiam obter sempre o mesmo resultado de forma repetitiva.

Os livros constituem uma conquista da civilização. Eles são preciosos, constituem os tesouros das universidades, das bibliotecas e das estantes das famílias.

Desde o princípio, soberanos procuraram se cercar de sábios conselheiros e estes por sua vez os induziram a construir bibliotecas. As universidades tinham nos livros um acervo de tesouros do conhecimento compartilhado por mestres e alunos e, depois, com a grande popularização dos livros, a democratização do conhecimento chegou até a residência das famílias, onde pequenas estantes passaram a constituir um de seus maiores tesouros.

A Bíblia de Gutenberg

A Bíblia produzida por Gutenberg possui dois volumes com um total de 1282 páginas no formato 30 x 40,5 cm com duas colunas de texto em cada página com 42 linhas cada coluna.

As páginas de 1 a 9 têm 40 linhas por coluna, a página 10 tem 41 linhas e as demais 42 linhas (daí o nome de Bíblia de 42 linhas)

Cada linha tinha 33,34 caracteres e cada página utilizava mais de 2500 letras fundidas individualmente originárias de uma fonte contendo 290 caracteres diferentes, pois além das letras maiúsculas e minúsculas, haviam os sinais e letras ligadas para se parecerem com a escrita manual.

Utilizou o tipo de letra gótica alemã que entrou em uso a partir do século XII.

O papel utilizado na Bíblia de Gutenberg veio da cidade de Fabriano, na Itália.

A tinta à base de óleo de linhaça foi desenvolvida pelo próprio Gutenberg, pois a tinta utilizada até então para a impressão com matrizes de madeira não servia para a impressão com metal.

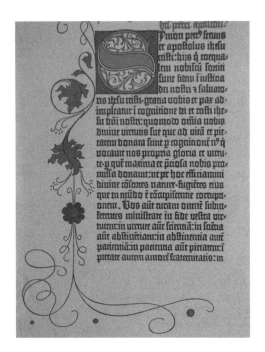

Detalhe da Bíblia de Gutenberg com a iluminura pintada à mão.

Os tipos metálicos foram fundidos numa liga composta por chumbo, estanho e antimônio utilizando um molde de duas peças também desenvolvido por Gutenberg.

Os tipos individuais eram montados na forma de linhas, organizados em colunas de 42 linhas e agrupados por uma moldura ajustável chamada de Rama, também desenvolvida por Gutenberg para ajustar firmemente seus tipos independentes.

Foram produzidas 210 Bíblias, sendo 180 exemplares em papel e 30 em velino de alta qualidade, que exigiram para a confecção destes 30 exemplares com páginas feitas com pele de 76.920 bezerros recém-nascidos.

O papel Fabriano importado da Itália era considerado um dos melhores de sua época e até hoje é fabricado na mesma localidade e ainda considerado um dos melhores do mundo.

Data do início da produção: 1450
Data da publicação: 1455
Local da publicação: Cidade de Mainz, na Alemanha

A Bíblia de Gutenberg é considerada o "Incunábulo"*. Mais importante que existe.

Restam ainda hoje, preservados nas melhores bibliotecas do mundo e mantidos por colecionadores, 48 exemplares originais desta obra lendária.

Com a impressão, surge o negócio editorial. Casas impressoras se transformam em editoras e livreiros ganham mercado e status formando corporações de ofício simbolizadas em brasões.

Acima vemos o Brasão da corporação dos livreiros de Angers, a marca de Colard Mansion impressor de Bruges e a marca de Galliot du Pre, livreiro de Paris.

A indústria editorial tornou rica a região da Alemanha em torno de Mainz e gerou riqueza material, cultural e espiritual por toda a Europa e depois mundo afora.

Quando lemos um livro que atraiu nossa atenção, nos traz coisas interessantes e nos deleita com seu conteúdo, estamos desfrutando de algo que começou há mais de 5000 anos, percorreu uma longa jornada até se materializar na forma do livro que nos traz tantas coisas boas.

* *(livros publicados entre 1450 e 1500)*

Queima de livros e Genocídio Cultural

s governantes ditatoriais de todos os tempos podem ser taxados com todo tipo de adjetivos. Perversos, tirânicos, homicidas, assassinos, truculentos, ignorantes e assim por diante, mas eles, apesar de seus predicados pouco edificantes, foram capazes de rapidamente perceber o poder da obra escrita e sempre, sem exceção, tentaram controlar seu conteúdo através da censura e quando não conseguiam isso, apelavam sem nenhum pudor para a pura e simples destruição das obras que os ameaçavam.

O fogo se tornou assim o maior inimigo do conhecimento escrito.

Um dos primeiros personagens históricos a utilizar o nefasto expediente de simplesmente mandar queimar os livros e as obras escritas que, de alguma forma, contrariavam seus desígnios foi o rei guerreiro Shi Huang Di, fundador da breve, mas muito vigorosa dinastia Qin (221-206 a.C.). Em seu reinado, um sistema uniforme de pesos e medidas entrou em vigor, foram construídos canais de irrigação e navegação, estradas, pontes, palácios e a "Grande Muralha da China", obra que até hoje assombra por sua grandeza as pessoas que a visitam. Apesar de sua grande obra edificadora, Huang Di também colocou em sua biografia a queima de livros considerados subvertedores, pois estava empenhado em unificar o sistema de escrita chinesa, instrumento indispensável para controlar e fazer funcionar um reino tão vasto, com populações que falavam línguas diferentes e cujo principal ponto de convergência nacional era a escrita. Como houve resistência à adoção desta *"escrita unificada"*, principalmente por parte de intelectuais, escritores e linguistas, o imperador houve por bem incinerar os livros e escritos que contrariavam seus objetivos. Com

No reinado do imperador Shi Huang Di, o imperador amarelo (221 – 206 a.C.), entrou em vigor um sistema uniforme de escrita, pesos e medidas. Mas esta uniformização teve um alto custo.

Para manter a integridade de uma escrita uniforme em todo o império, Huang Di mandou queimar todos os livros considerados subvertedores do sistema de escrita que desejava implantar. Esta prática nociva permaneceu uma nódoa em sua biografia, onde também se encontram como realizações a "grande muralha", canais, estradas e palácios.

isso, tesouros preciosos desapareceram sob as chamas, transformando em cinzas conhecimentos cuja importância nunca mais saberemos.

A queima de livros já havia ocorrido antes, mas aquela que é considerada como maior perda do conhecimento produzido pelo mundo antigo foi sem dúvida a destruição da biblioteca de Alexandria pelas legiões romanas de Julio César.

Ainda que existam dúvidas sobre a queima desta biblioteca, ela vem sendo tradicionalmente atribuída pelos estudiosos da antiguidade à invasão romana, não se sabendo se foi intencional ou consequência do saque indiscriminado da cidade.

Julio César, homem culto, contemporâneo de Cícero, com quem debateu e se relacionou, certamente não ordenaria a queima de um acervo tão precioso de conhecimento, uma vez que se sabe que os romanos se apropriaram de grande parte do conhecimento que os gregos produziram e viam nesta prática de aquisição do conhecimento de seus conquistados uma forma de enriquecer sua própria cultura.

Inicialmente organizada por Demétrius Phaleron, que havia estudado com Aristóteles, a Biblioteca de Alexandria foi fundada durante o reinado de Ptolomeu I Soter (267-283 a.C.) e se transformou na maior biblioteca do mundo antigo. A história nos revela que em torno da biblioteca de Alexandria orbitaram estudiosos de toda a região e algumas das práticas mais antigas relacionadas com a aquisição, preservação e utilização sistemática do conhecimento transmitido pela escrita foram nesta biblioteca aplicados por bibliotecários, cujos nomes chegaram até nós. Sabemos que um deles, o bibliotecário chefe Callimachus (início do III século a.C.), foi o primeiro a desenvolver um catálogo bibliográfico relacionando as obras reunidas numa biblioteca.

A destruição pelo fogo de uma parte importante do conhecimento de uma época, onde os alicerces da cultura ocidental foram assentados, é lamentada por todos que reconhecem que este conhecimento nos ajudaria a compreender melhor muito do que veio depois.

Infelizmente, Alexandria não foi a única. Registros históricos nos mostram a destruição de mais de 40 bibliotecas cujos nomes aparecem nestes registros porque elas tinham importância reconhecida.

Além da queima e destruição das bibliotecas, a queima de livros, e inclusive de seus autores, foi uma prática usual

O Index Librorum Prohibitorum, *em tradução livre o* Índice dos Livros Proibidos, *foi uma lista de publicações literárias que eram proibidas pela Igreja Católica e as regras para que um livro entrasse nessa lista. A primeira versão do Index foi promulgada pelo* Papa Paulo IV, *em 1559, e uma versão revista desse foi autorizada pelo* Concílio de Trento. *A última edição do índice foi publicada em 1948 e o Index só foi abolido pela Igreja Católica em 1966, pelo* Papa Paulo VI. *Nessa lista, estavam livros que iam contra os dogmas da Igreja e que continham conteúdo tido como impróprio*

A lendária Biblioteca de Alexandria permanece na lembrança de todos como aquela que abrigava o maior acervo de conhecimento do mundo antigo e cujo tesouro foi perdido para sempre.

O trabalho realizado nesta biblioteca foi tão importante que os nomes de vários "Bibliotecários Alexandrinos" ficaram gravados na história. Foram eles que criaram o primeiro sistema de catalogação de livros conhecido, o "códex alexandrino". Fragmentos deste documento, como o que vemos acima, sobreviveram para nos dar uma ideia da riqueza do acervo que mantinham neste templo do saber destruído pelas legiões romanas.

Uma placa de bronze no chão da praça da prefeitura de Frankfurt nos lembra que ali naquele local aconteceu uma grande queima de livros.

Por ironia do destino, esta cidade abriga hoje a maior feira de livros do mundo.

A união de estudantes alemães realizou durante o nazismo uma série de rituais de queima de livros como o que ocorreu na praça de Frankfurt, no local onde se encontra a placa de bronze. Neste memorial, está escrita uma frase lapidar criada pelo poeta alemão Heinrich Heine em 1820: "onde se queimam livros, acabam queimando pessoas".

em tempos de intolerância de todo tipo. Na Idade Media, a Santa Inquisição adotou esta prática, durante o Nazismo eram realizadas cerimônias para queimar os livros que contrariavam sua ideologia totalitária. Sigmund Freud, criador da psicanálise, quando soube que os nazistas queimaram seus livros, comentou: *"como o mundo avançou... na Idade Média teriam me queimado"*.

Para quem pensa que a queima de livros e destruição de bibliotecas são coisas do passado e que os livros finalmente estão a salvo pela evolução da civilização, vale lembrar que em 1998 a milícia taliban destruiu no Afeganistão milhares de livros considerados contrários ao fundamentalismo radical islâmico. Em 2003, durante a guerra do Iraque, bibliotecas que continham obras referentes a Mesopotâmia (atual Iraque) foram danificadas com perda de acervo.

Em janeiro de 2013, em Timbuktu, no Mali, uma biblioteca onde se encontravam cerca de 20 mil manuscritos históricos foi queimada nos conflitos locais.

Ainda em 2013, a morte do ditador Jorge Rafael Videla, que governou a Argentina entre 1976 e 1983, livrou o general do julgamento em que é acusado de "Genocídio Cultural", uma nova figura jurídica que faria sua estreia neste julgamento. Videla é acusado de ser o responsável pelo saque e queima dos 80 mil livros da *Biblioteca Popular Constancio Vigil* no dia 25 de agosto de 1977.

A instituição do crime de "Genocídio Cultural" é sem dúvida um avanço na proteção dos acervos da sanha da intolerância e do totalitarismo e neste sentido, a civilização avançou mais um passo, distanciando-se um pouquinho mais do obscurantismo e da barbárie.

Livros Veneráveis e Livros Memoráveis

xistem os livros que são eternos, preservados e reverenciados como pedras fundamentais na construção da sociedade humana. Muitos deles estão ligados à história e representam aquelas conquistas primordiais que abriram as trilhas por onde o conhecimento avançou, e, embora seu conteúdo não tenha mais aplicação prática no mundo atual, continuam integrando o panteão dos livros venerados pelos estudiosos e conhecedores.

Mas existem aqueles cujo conteúdo permanece vivo e aplicável em nossos dias e por isso podem ser considerados verdadeiros tesouros da humanidade.

O Venerável Livro das Mutações

Um destes livros veneráveis é o I Ching, ou *Livro das Mutações*, que, embora tenha mais de 3000 anos, ainda permanece à venda nas livrarias e vem sendo reeditado continuamente devido à procura dos leitores.

Este livro contém um tratado de sabedoria milenar chinesa associada a uma função oracular que permite que ele seja consultado pelos leitores e ofereça respostas filosóficas sobre as perguntas que lhe foram formuladas.

Surgido na China há mais de 3000 anos, o I Ching integrava a tradição oral advinda dos antigos sábios e adivinhadores que atuavam no país desde tempos imemoriais (as inscrições adivinhatórias gravadas em cascos de tartarugas estão na origem da escrita chinesa).

Este livro reuniu uma série de textos que foram se juntando ao longo do tempo e recebeu uma primeira versão

Poucos livros conseguem manter seu conteúdo aplicável de forma vigorosa por mais de 3000 anos como acontece com o I Ching. Este antigo tratado de sabedoria filosófica foi importante para a formação do povo chinês e continua à venda nas livrarias do mundo todo.

O I Ching conseguiu manter seu fascínio inalterado por tanto tempo porque o sistema divinatório que apresenta junto com seus ensinamentos filosóficos baseados na observação e no bom senso não envelheceu com o tempo, mas, pelo contrário, manteve forte sua mensagem original. Escolhido por muitos como livro de cabeceira, o I Ching está entre os livros veneráveis de todos os tempos.

A filosofia prática do I Ching e seus ensinamentos éticos foram adotados por imperadores, filósofos, intelectuais e gente do povo. Os preceitos deste livro tiveram como um de seus autores o grande sábio Confúcio e foram amplamente impressos e difundidos na China.

Confúcio é considerado o filósofo que se preocupou com a educação do caráter, rejeitando a ideia de recompensa, ele pregava que o resultado da caminhada pelo reto caminho é a alegria. Dedicou-se com afinco a escrever os comentários desta obra que serviu de referência para a edificação do caráter do povo chinês.

Os ensinamentos de Confúcio e o próprio I Ching se beneficiaram da impressão sobre papel que já era utilizada na China desde o final do século VII. A impressão tornou conhecidos e amplamente difundidos seus ensinamentos e o texto do "livro das mutações".

escrita no início da dinastia Chou (1150-249 a.C.) sendo posteriormente reeditado por volta do ano 800 a.C.

O Rei Wen, seu filho o Duque de Chou e o sábio Confúcio (551-479 a.C.) contribuíram para a organização do texto e acrescentaram a ele importantes comentários que acabaram incorporados a sua estrutura definitiva.

A influência do I Ching na cultura, na formação moral e até na administração pública chinesa é extremamente relevante e está documentada na história, pois logo após a unificação da escrita promovida por Shi Huang Di na dinastia Qin (221-206 a.C.), os estudiosos da dinastia Han codificaram e organizaram a linguagem escrita em torno de uma série de radicais ou raízes, reuniram e transcreveram para esta nova forma modernizada de escrita os antigos textos divinatórios. Neste momento, foram adicionados ao texto básico o "grande tratado" e as explicações sobre os diagramas que enriqueceram a obra e a aproximaram das pessoas comuns. O documento final, fruto deste processo, foi decisivo na evolução posterior do pensamento filosófico, médico e científico do povo chinês.

Traduzido para o Ocidente primeiramente pelo inglês James Legge, em 1882, e depois por Richard Wilhelm (1873-1930), no início dos anos 1920, esta edição com a tradução para o alemão recebeu um prefácio de Carl G. Jung, discípulo de Freud, que escreveu um texto de 11 páginas acrescentando à obra uma visão atualizada e enriquecedora.

Para se ter uma ideia da vitalidade do I Ching, basta observar que a edição brasileira de 1984 já teve quase 30 reimpressões desta obra que continua encantando e influenciando pessoas no mundo todo.

O Venerável Livro dos Livros

Mas, sem dúvida, o livro dos livros, aquele que mais transformações provocou no mundo e o mais reverenciado, é a Bíblia, cuja origem remonta ao século IV antes de Cristo, quando os livros do antigo testamento começaram a ser cunhados. A versão atual da Bíblia, o novo testamento, foi escrito no primeiro século da era cristã.

Adotado pelos cristãos do mundo todo, independente de sua nacionalidade, da confissão que professam ou das muitas variantes em que o cristianismo se dividiu ao longo do tempo, a Bíblia é a publicação com a maior tiragem já obtida na forma de livro e em torno dela já aconteceu quase tudo, pois ela constitui uma referência adotada tanto paras os rituais religiosos da igreja como para todo tipo de práticas relacionadas com a ética pública e privada, a conduta social, a espiritualidade, a cidadania e uma infinidade de outras práticas que fazem dela o livro de referência número um no mundo ocidental. Presidentes juram sobre a Bíblia ao tomar posse, testemunhas juram dizer a verdade, pastores a empunham em suas pregações e fiéis se dedicam a leitura de suas páginas com devoção. Citações e histórias que nela aparecem geraram obras de arte de todo tipo, pinturas sacras, esculturas, livros, peças teatrais, músicas e filmes, sem contar o extenso acervo de obras dos maiores artistas que ilustram e decoram igrejas e instalações da cristandade. O imaginário que emana de sua leitura está presente na vida ocidental de tal forma que mesmo quem não é religioso acaba contaminado por ele. Nomes de personagens da Bíblia são colocados nas crianças e os santos que nela aparecem descritos dão nome a todo tipo de localidade. Cidades, praças e ruas, mas também localizações geográficas, rios, montanhas e cordilheiras recebem nomes oriundos do *"Livro dos Livros"*.

Quando decidiu publicar seu primeiro livro, depois de 20 anos de pesquisas e investimentos vultuosos, foi a Bíblia que Gutenberg escolheu para a estreia de seus tipos móveis metálicos.

Livros Memoráveis

Alguns livros, por seu conteúdo maravilhoso e pela repercussão que tiveram, merecem integrar o panteão dos livros memoráveis. Não pretendemos fazer aqui mais uma das incontáveis listas de livros que estão disponíveis em toda parte, pois a partir do primeiro catálogo elaborado pelos bibliotecários "Alexandrinos" na grande biblioteca do mundo antigo, os livros sempre estiveram relacionados em listas. Incluiremos em nossa relação de livros memoráveis alguns dos que foram citados neste livro e inspiraram esta obra.

Relatos de viagem que ajudaram a formar a cartografia da Terra e incluir no imaginário de seus habitantes uma dimensão planetária do mundo em que viviam. Podemos citar neste gênero o "Livro das Maravilhas", cujo texto original foi concluído na prisão em Gênova por Rusticiano de

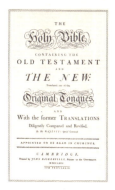

John Baskerville (1706 – 1775) é considerado um ícone do design de tipos e um importante desenvolvedor dos processos de impressão e da técnica de impressão. A página título da Bíblia sagrada que vemos acima foi criada por ele em 1763 usando seus tipos inesquecíveis.

Muitos dos maiores pintores, escritores, gravadores e pensadores do Ocidente se dedicaram a Bíblia. Ela está presente na cultura do Ocidente de forma definitiva e absoluta. As demoradas cópias caligráficas feitas nos mosteiros impediam sua maior difusão pelo mundo, mas quando o processo de impressão com tipos móveis foi inventado, foi a Bíblia que inicialmente mais se beneficiou desta invenção.

O "Livro da Maravilhas", de Marco Polo, influenciou praticamente todos os grandes viajantes e aventureiros que vieram depois dele. Este livro foi a grande inspiração de Colombo para a viagem que descobriu a América.

Existem livros influentes, que impressionam de tal forma aqueles que o leem que acabam interferindo nos destinos destas pessoas e influenciando acontecimentos provocados por elas. Este é o caso deste livro memorável que narrou pela primeira vez no Ocidente as maravilhas da China. Marco Polo, graças a seu relato maravilhoso, está entre os heróis admirados pela experiência que a sorte e a fortuna lhe proporcionaram viver.

"A primeira viagem de volta ao mundo" narrada por Pigafetta é um daqueles livros que viraram uma página da história, pois, depois dele, a visão que tínhamos da terra foi modificada.

Pigafetta viveu uma experiência fantástica e narrou como um antropólogo aquilo que pode observar na viagem de volta ao mundo.

O relato que nos deixou não nos conta apenas esta fatídica viagem, mas nos mostra como a ação de homens audazes tornaram nosso mundo muito maior.

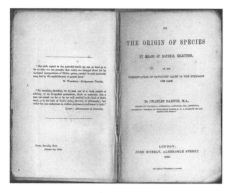

O diário escrito por Darwin em sua viagem de volta ao mundo é importante para compreender sua trajetória como cientista e pesquisador, mas foi "A origem das espécies" que elevou seu nome e da teoria evolucionista ao degrau mais alto da história.

Um livro que não só mudou a história que nos era contada até então, mas também fez história ele próprio. Assim pode ser descrito "A origem das espécies", tamanha a polêmica e a controvérsia de causou. A comunidade científica do século XIX teve de se posicionar a favor ou contra a teoria da evolução através da seleção natural apresentada por Charles Darwin. Os que aceitaram esta teoria puderam ver como o tempo a confirmou e como ela continua se fortalecendo conforme o conhecimento científico avança.

Pisa, que anotou o extraordinário relato feito por Marco Polo no ano de 1298. Neste relato, a Europa fica conhecendo um pouco da China do grande Cublai Cã e toma conhecimento das maravilhas encontradas por Marco Polo naquela que se transformaria na viagem icônica, inspiradora desde então de uma legião de viajantes e aventureiros intrépidos que legaram ao mundo muito do que conhecemos sobre o que quase nada sabíamos sobre a terra onde vivíamos.

Foi com o relato de Marco Polo que a China e o distante Oriente passaram a existir na mente dos europeus de então e das gerações posteriores que conheceram este relato através de seu livro. As quatro grandes invenções que a China legou ao mundo (o papel, a bússola, a pólvora e a impressão, incluindo a impressão do papel moeda) foram descritas aos incrédulos europeus por este veneziano lendário.

O mesmo aconteceu com a primeira viagem de *circum-navegação* da Terra empreendida por Fernão de Magalhães cujo relato, escrito por Antônio Pigafetta, nos traz o diário da desaventurada expedição que partiu da Espanha em agosto de 1519 com cinco navios tripulados por 237 homens, e voltou três anos depois com apenas um navio e 18 homens a bordo.

A Primeira Viagem ao Redor do Mundo, como ficou conhecido o livro escrito por Pigafetta e publicado em Veneza em 1536 dois anos após sua morte, é um marco na narrativa autoral de um diário naval, escrito no momento em que as grandes navegações expandiam os horizontes conhecidos.

Tanto o livro de Marco Polo como o de Antonio Pigafetta sobreviveram por obra da providência, pois seus autores estiveram bem perto de nunca mais voltar para contar suas extraordinárias histórias. Estes livros abriram a mente dos homens de seu tempo e daqueles que vieram depois deles, por isso estão vivos e continuam a ser publicados e lidos. O caro leitor pode comprar pela internet estes livros memoráveis.

Outro diário de viagem que teve grande impacto foi a maravilhosa *Viagem de um naturalista ao redor do mundo*, escrito por Charles Darwin e publicado em 1839 originalmente como "Journal and Remarks", este livro descreve a viagem que mudaria a forma como seria vista desde então a origem das espécies animais e vegetais e a origem do próprio homem. Por ter servido de base ao livro *A origem das Espécies*, o diário de Darwin merece estar na relação dos livros memoráveis.

Partindo da Inglaterra em 1831, o HMS Beagle realizou uma das maiores viagens de exploração da Terra feitas até então. Durante quase cinco anos, este navio circum-navegou o planeta recolhendo informações sobre a natureza nos diversos continentes e a vida de seus habitantes. O naturalista de bordo aproveitou esta oportunidade para explorar a diversidade que encontrou e formular, a partir de suas observações, o esboço de uma tese que abalaria a sociedade da época e que ainda hoje causa controvérsias. O relato minucioso desta viagem nos permite antever a forma como Darwin prestava atenção nos detalhes e anotava de forma escrupulosa o que via e o que sentia.

Outro livro memorável é aquele que narra o momento em que um homem apontou para o céu uma luneta e, observando as fases da lua, fez a triangulação que confirmou, pela experiência dos sentidos, que a Terra girava em torno do Sol. *O Mensageiro das Estrelas* é este livro, e foi através dele que Galileu Galilei publicou o primeiro tratado científico baseado em observações astronômicas feitas com um telescópio. O *Sinerius Nuncius*, nome original do pequeno livro de 24 páginas publicado em Veneza em 1610, impactou de tal forma o conhecimento da época que provocou o colapso da teoria geocêntrica que afirmava que a Terra girava em torno do Sol.

Juntamente com Johannes Kepler (1571-1630), que reformou a teoria de Copérnico (1473-1542) e ajudou a legitimar as observações de Galileu, estes cientistas serviram como uma das bases do monumental trabalho de Isaac Newton (1642-1727), *Philosophiae Naturalis Principia Mathematica*, publicado na forma de livro em 1687 e considerado a obra que maior influência exerceu no desenvolvimento da ciência.

Um livro que não poderia faltar na pequena relação de livros memoráveis é: *As Mil e Uma Noites*. Um dos livros mais encantadores que já foi escrito. Suas histórias maravilhosas encantam adultos e crianças de todas as idades, e de suas páginas surgem histórias e personagens inesquecíveis, como Ali Baba e os 40 ladrões; Simbad, o marujo; O tapete voador; Aladin e a lâmpada maravilhosa e tantas outras que acabaram se transformando num sem número de filmes, peças teatrais, livros infantis, além de estudos sobre a cultura árabe e do Oriente. *As mil e uma noites* reúne contos e histórias recolhidas da tradição persa, da Índia e da Arábia, sua origem remonta ao século X e

O livro de Galileu Galilei representa a luta do homem contra o obscurantismo reinante em seu tempo e a vitória da verdade científica contra a superstição. O conteúdo do O mensageiro das estrelas *fez desmoronar a teoria geocêntrica defendida pela então poderosa Igreja Papal.*

Publicado em Veneza em 1610, este pequeno livro de apenas 24 páginas continha em suas linhas uma teoria tão poderosa que foi suficiente para derrubar anos de afirmações continuadas de que a Terra girava em torno do Sol. Não foi apenas Galileu, mas outros cientistas como Copérnico que contribuíram para este desfecho, entretanto foi este livrinho que entrou para a história como o tiro de misericórdia na teoria geocêntrica.

O encanto das noites das Arábias e de suas histórias maravilhosas nunca mais deixou de habitar o imaginário do Ocidente depois que o francês Antoine Galland começou a publicar a partir de 1704 os primeiros volumes destas histórias encantadoras.

São tantas as histórias que saíram das páginas das "Mil e uma noites" que fica difícil lembrar todas elas, mas quem leu estas história tem a mente repleta de suas imagens fabulosas e imaginativas. Leitura para todas as idades, esta obra incorpora a tradição dos contadores de história que animavam as praças e os mercados encantando as pessoas com suas narrativas picarescas, cheias de gênios, palácios e odaliscas.

em sua gênese provavelmente se encontra o livro persa Hezar Afsaneh (Mil histórias), mas também, com o tempo, foram acrescentados a ele elementos da tradição oral da Índia e da Arábia, formando um rico painel das narrativas apresentadas pelos contadores de histórias que atuavam nas praças e nos palácios desta região. Esta obra prima da lenda universal foi traduzida para o Ocidente por Antoine Galland (1645-1715), que publicou em francês, a partir de 1704, os diversos volumes intitulados: *Mille et une nuits*.

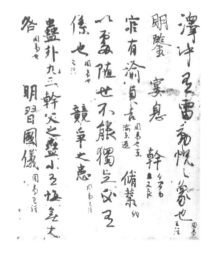

Johannes Gensfleisch zur Laden zum Gutenberg

Empreendeu vinte anos de pesquisa e empenhou tudo que tinha para consolidar o processo de impressão com tipos móveis que fundiu as 4 histórias que juntas mudaram o mundo.

Como vemos, os livros memoráveis reúnem observações de homens sagazes, estudiosos dedicados, que, por meio de suas próprias observações pessoais e da compilação escrupulosa de conhecimentos produzidos por outros homens, acabam por estabelecer novas bases, sobre as quais o edifício do conhecimento é erguido.

Livros que sintetizam e unificam conhecimentos preexistentes, formatados numa nova abordagem ou visão, a exemplo deste que estamos concluindo com estas linhas, são os tijolos da grande construção que foi erguida pela civilização.

O livro é, portanto, uma peça fundamental para compreendermos como foi construído o mundo em que vivemos, a sociedade a qual pertencemos e o futuro que imaginamos no horizonte.

As quatro pequenas histórias aqui reunidas são um tributo à odisseia dos homens que escreveram os livros.

O livro que deu nome a um continente

A era dos descobrimentos foi um período luminoso da humanidade.

A empolgação que tomou conta das nações que navegavam gerou uma onda de ações audaciosas, protagonizadas por homens corajosos que se arriscaram pelos oceanos desconhecidos em busca de riqueza e de novas rotas comerciais.

O livro de Pigafetta aqui mencionado, publicado em 1536, narra a primeira grande viagem de volta ao mundo, seguindo em sua narrativa a trilha aberta por Marco Polo e outros aventureiros e viajantes de escol que publicaram o relato de suas viagens. Depois dele, entretanto, poucos livros se destacaram neste período até o aparecimento do livro "*Mundus Novus*", que foi publicado em Portugal entre 1503 e 1504.

Escrito pelo navegador e cosmógrafo Américo Vespúcio, este livro narra a descoberta de um novo mundo que este personagem, testemunha ocular e participante destacado desta aventura teve a presença de espírito de descrever e publicar com visão aguçada a narrativa dos acontecimentos.

A viagem de Colombo que acabou descobrindo a América tinha por objetivo, como sabemos, a descoberta de um novo caminho marítimo para se chegar às especiarias do Oriente viajando em linha reta e circum-navegando a terra.

O mapa onde aparece pela primeira vez o nome América e a primeira imagem que mostra os nativos do novo mundo são derivadas do livro que Américo Vespúcio escreveu e fez publicar.

Uma edição de "Mundus Novus" publicada em Augisburg, na Alemanha, contém uma xilogravura produzida em 1505 por Johann Froschauer, que mostra um ritual de canibalismo praticado por indígenas brasileiros. Esta é a primeira imagem conhecida sobre os nativos do Brasil. Já o mapa produzido em 1507 por Martin Waldseemüller, sob influência da narrativa de Vespúcio, traz pela primeira vez o nome América impresso sobre este continente.

Foi Américo Vespúcio quem compreendeu, porque participou de outras viagens ao novo mundo, inclusive uma viagem que fez ao Brasil em 1501 para explorar a costa recém-descoberta por Cabral, que a terra se estendia longamente para o sul constituindo um novo continente que viria a se somar aos três anteriormente conhecidos; Europa, Ásia e África. Foi ele também, demonstrando uma visão espantosa, quem preconizou que o "novo continente" se interpunha entre a Europa e a Ásia e que precisariam encontrar uma passagem através dele ou contorná-lo para se chegar à Ásia.

Diferente de outros navegadores, que eram marinheiros em sua maioria, Américo Vespúcio era letrado, pois seu tio, Giorgio Antonio Vespucci, com quem conviveu na infância, era dono de uma das principais bibliotecas de Florença, por isso ele sabia escrever bem e seu relato se transformou num livro interessante.

Mundus Novus obteve grande repercussão e foi publicado em diversos países, e foi graças a estas publicações que, em 1507, Martin Wadseemüller publicou um mapa onde aparece pela primeira vez o nome América, denominando o novo continente. Portanto, foi o livro *Mundus Novus* que fez com que o nome de Américo Vespúcio fosse dado ao novo continente, e não o de Cristóvão Colombo, seu descobridor.

Memoráveis palavras escritas

A Declaração de Independência dos Estados Unidos da América

Palavras poderosas num texto memorável. Assim pode ser qualificado o texto inicial da Declaração de Independência americana (1776).

"Todos os homens nascem livres e iguais, dotados pelo criador de direitos inalienáveis, direito à vida, à liberdade e à busca da felicidade"

Estas palavras introduziram conceitos que fundamentaram a declaração dos direitos humanos e inspiraram intelectuais, escritores e governantes pelo mundo afora deixando um rastro de sua presença sempre que os homens se dedicaram a pensar em como estabelecer parâmetros que tornassem mais civilizada a relação dos indivíduos entre si e com o estado que os representa.

Antes destas palavras, os homens nasciam com um "Destino", depois delas, passaram a nascer com "Direitos".

Designado pela Comissão da Independência para escrever a declaração, Thomas Jefferson escreveu um documento memorável

EPÍLOGO

Com a escrita, a civilização dá o primeiro passo de sua longa caminhada

Depois de sua longa jornada evolutiva, graças à impressão e ao papel, a escrita passa a fazer parte indissolúvel da vida civilizada

A civilização transformou reis, servos e escravos em cidadãos, e submeteu todos os cidadãos, independente de seus cargos e posições, ao império da lei. Nenhum cidadão é melhor ou pior que outro perante às leis da sociedade civilizada, ainda que alguns discordem disso e se achem diferentes e superiores.

A civilização é a grande conquista da sociedade humana. Foi ela que nos tirou da barbárie e nos disse que não podemos matar nossos semelhantes, não podemos roubar a mulher do próximo nem nos apropriarmos de seus bens. Foi a civilização que estabeleceu regras de conduta destinadas a tornar melhor e menos conflituosa as relações sociais. Ela é o resultado de quase 6000 anos de evolução ininterrupta, que começou com a proto-escrita surgida na Mesopotâmia, se transformou numa escrita verdadeira e esta por sua vez estabeleceu a baliza definitiva que separa a história da pré-história.

Na pré-história nao havia leis, ou melhor dizendo, só havia as leis da natureza, onde a lei do mais forte, baseada no instinto de sobrevivência, se impunha sobre todas as outras. Com a escrita, surgiram os preceitos religiosos e as leis. Foram estabelecidas regras escritas que passaram a guiar todas as ações e atividades dos cidadãos das sociedades que as elaboraram e dos governantes que as promulgaram. A partir da escrita, a força bruta não pôde mais ser aplicada indiscriminadamente, passou a haver limites escritos para sua aplicação aceitável. Mentir, roubar, enganar, matar e praticar todo tipo de ato considerado errado ou indigno da vida em sociedade passaram a ser crimes, punidos com penas também prescritas na forma escrita. No primeiro código jurídico escrito, estava lá, gravado na pedra da lei: "aquele que roubar uma criança será executado".

Desde então, uma classe de pessoas letradas ascendeu socialmente e passou a escrever os destinos da humanidade. Foram os homens do saber, os escribas, os pensadores intelectuais, os professores e os legisladores, mais que os generais, que deram forma ao mundo em que vivemos. Foram eles que escreveram os tratados que puseram fim às guerras e a lei geral que passou a mediar as relações entre pessoas, estados e nações.

Quando a escrita ganhou voz com o surgimento do alfabético fonético, ela foi capaz de contar todas as histórias e registrar as ideias e os sentimentos humanos. Pôde então registrar o passado e o presente e apontar o futuro escrito nas estrelas e nas coisas da própria terra.

O mundo ganhou escolas e bibliotecas, as catedrais do saber ergueram bem alto suas torres para que todos pudessem contemplá-las e a beleza de sua presença inspirasse os homens a evoluírem e serem melhores para seus semelhantes.

A chegada da gravura, sua união com o papel, esta invenção maravilhosa, e a possibilidade de reproduzir a palavra impressa milhares e milhares de vezes fizeram o processo avançar até chegar a impressão com tipos móveis metálicos, que catapultou de vez a difusão do conhecimento, acelerando o processo civilizatório.

Na gênese e na base de tudo isso está a escrita e sua reprodução, onde a gravura, o papel e a imprensa se complementaram de tal forma que acabaram por se fundir na plataforma que sustentou e na ponte por onde passou o conhecimento da humanidade.

Uma ponte que nos permitiu cruzar o abismo da ignorância e nos levou para longe da barbárie, abrindo um novo horizonte de esperança e fé no futuro que nos aguarda. Um futuro que sempre será melhor que o passado que deixamos para trás, conforme podemos ler nas linhas que estão impressas e foram escritas pelos homens que escreveram a história do que passou e por aqueles que estão escrevendo a história do que virá.

O índice de analfabetismo constitui um dos parâmetros utilizados para avaliar o nível de desenvolvimento de um determinado povo ou nação. Saber ler e escrever torna os cidadãos mais aptos a participar da vida na sua sociedade e contribuir para seu desenvolvimento.

BIBLIOGRAFIA

ALLETON, V. Escrita chinesa. Tradução Paulo Neves. Porto Alegre: L&PM, 2010.

ASSOCIAÇÃO BRASILEIRA DA INDÚSTRIA GRÁFICA. 200 anos [da] indústria gráfica no Brasil: 1808-2008. São Paulo: Clemente e Gramani, 2008.

ASSOCIAÇÃO BRASILEIRA TÉCNICA DE CELULOSE E PAPEL. Papel, emoção e história. São Paulo: ABTCP/CLAP/Ministério da Cultura, 2001.

_____. A história da indústria de celulose e papel no Brasil. São Paulo: ABTCP, s.d.

BRENDER À BRANDIS, G. Wood, ink and paper. Ontario: The Porcupine´s Quill, 1980.

CAMINHA, P. V. A carta de Pero Vaz de Caminha: reprodução fac-similar do manuscrito com leitura justalinear de Antonio Geraldo da Cunha, César Nardelli Cambraia, Heitor Megale. São Paulo: Humanitas/FFLCH/USP, 1999.

CERTEAU, M. A escrita da tória. 3. Ed. Rio de Janeiro: Forense, 2011.

CHALLONER, J. (Ed.) 1001 invenções que mudaram o mundo. Tradução Carolina Alfaro, Pedro Jorgensen e Paulo Polzonoff Júnior. Rio de Janeiro: Sextante, 2010.

CHINA. Rio de Janeiro: Cidade Cultural, 1987. (Nações do Mundo)

CORDARO, M. H. (Org.) Ukiyo-E: pinturas do mundo flutuante. São Paulo: Instituto Moreira Salles, 2008. 2v.

COSTELLA, A. F. Breve história ilustrada da xilogravura. Campos do Jordão: Mantiqueira, 2003.

A EVOLUÇÃO das cidades. Rio de Janeiro: Abril, 1993.

FAHR-BECKER, G. (Ed.) Gabrados japoneses. Madrid: Taschen, s.d.

FERGUSON, N. Civilização: ocidente X oriente. São Paulo: Planeta, 2012.

FISCHER, S. R. História da escrita. Tradução Mirna Pinsky. São Paulo: Editora UNESP, 2009.

HESSELS, J. H. Gutenberg: was He the inventor of printing? an historical investigation. London: Bernard Quaritch, 1882.

HUNTER, D. Papermaking: the history and technique of an ancient craft. New York: Dover, 1978.

JANSON, H. W. História da arte. Tradução J. A. Ferreira de Almeida e Maria Manuela Rocheta Santos; colaboração Jacinta Maria Matos. 5. Ed. São Paulo: Martins Fontes, 1992.

JAPÃO. Rio de Janeiro: Cidade Cultural, 1987. (Nações do Mundo)

JEAN, G. A escrita: memória dos homens. Tradução Lídia da Motta Amaral. Rio de Janeiro: Objetiva, 2008.

KREN, T. Illuminated manuscripts of Germany and Central Europe in the J. Paul Getty Museum. Los Angeles: The J. Paul Getty Museum, 2009.

KURTH, W. (Ed.) The complete woodcuts of Albrecht Dürer. New York: Dover, 1963.

LACROIX, P. Treasure of medieval illustrations. Selected and arranged by Carol Belanger Grafton. New York: Dover, 2008.

LYONS, M. Books: a living history. Los Angeles: The J. Paul Getty Museum, 2011.

MALCZYCKI, W. M. The papyrus industry in the early Islamic era. Journal of the Economic and Social History of the Orient, Leiden, v. 54, p. 185-202, 2011. DOI: 10.1163/156852011X586813

MEGGS, P. B.; PURVIS, A. W. História do design gráfico. Tradução Cid Knipel. São Paulo: Cosac Naify, 2009.

PARIS, M. L. ; OHTAKE, R. (Ed.) Hans Staden: primeiros registros escritos e ilustrados sobre o Brasil e seus habitantes. São Paulo: Terceiro Nome, 1999.

PEDERSEN, B. M. (Ed.) Graphis typography I: the international compilation of the best typographic design. Zurich: Graphis Press, 1994. (Publication n. 214)

PIGAFETTA, A. A primeira viagem ao redor do mundo: o diário da expedição de Fernão de Magalhães. Tradução Jurandir Soares dos Santos. Porto Alegre: L&PM, 2005.

PINTO, A. L.; MEIRELES, F.; CAMBOTAS, M. C. História da arte ocidental e portuguesa: das origens ao final do século XX. Porto: Porto Editora, 2006.

POLO, M. O livro das maravilhas: a descrição do mundo. Tradução Elói Braga Júnior. Porto Alegre: L&PM, 2009.

REID, S. Culturas e civilizações. S.L.: Estampa/Unesco, s.d. (As rotas da seda e das especiarias)

_____. Invenções e comércio. S.L.: Estampa/Unesco, s.d. (As rotas da seda e das especiarias)

ROBERTS, J. M. O livro de ouro da história do mundo: da pré-história à idade contemporânea. Tradução Laura Alves e Aurélio Rebello. 4. Ed. Rio de Janeiro: Ediouro, 2001.

ROBINSON, A. The story of writing: with over 355 illustrations, 50 in color. 2. Ed. London: Thames & Hudson, 2007.

ROONEY, A. A história da matemática: desde a criação das pirâmides atá a exploração do infinito. São Paulo: M. Books, 2012.

THE CLIP art book: a compilation of more than 5,000 illustrations and designs. Research and introduction by Gerard Quinn. New York, Crescent Books, 1994.

THE HISTORY of printing. London: W. Clowes, 1855.

VIAGENS de descobrimento: 1400-1500. Rio de Janeiro: Abril, 1991.

VISUAL encyclopedia of art: arte chinesa e japonesa. Florence, Scala, 2010.

Crédito das imagens

A maior parte das imagens apresentadas nesta obra pertence ao acervo do autor, assim como ilustrações e fotografias de sua autoria que aparecem em algumas páginas.

Imagens free copyright foram retiradas dos livros:

The complete Woodcuts of Albrecht Dürer e Treasury of Medieval Ilustrations – Dove Publications, Inc. – New York.

The Clip Art Book – Crescent Books – New York

E dos sites:

Wikimédia Commons – www. http://commons.wikimedia.org

Getty – Open Content Program – www.getty.edu

Sobre o autor

Fabio Mestriner é designer gráfico, professor e escritor.

Começou desenhando histórias em quadrinhos e, em paralelo, desenvolveu uma carreira profissional como artista gráfico, diagramador e editor de publicações. Em 1987, passou a atuar no design de embalagem, onde construiu uma sólida reputação como designer, professor e autor.

Entre 2002 e 2006, foi presidente da ABRE – Associação Brasileira de Embalagem – e representante do Brasil na WPO World Packaging Organization. Durante sua gestão à frente da ABRE, idealizou a publicação do livro *História da Embalagem no Brasil*.

Criou, em 2006, o Núcleo de Estudos da Embalagem na ESPM – Escola Superior de Propaganda e Marketing –, onde leciona há 23 anos.

Publicou três livros didáticos sobre design e gestão estratégica de embalagem que são hoje adotados por mais de 30 universidades brasileiras.

Como designer de embalagem, conquistou vários prêmios internacionais.

Nascido em Ribeirão Preto, trabalha e vive em São Paulo.

Agradecimentos

O Autor deseja expressar seus sinceros agradecimentos a todos os que contribuíram de alguma forma para a realização desta obra.

Ao Milton Mira, meu amigo e editor, pelo incentivo, conselhos e orientações.
Ao Amigo Fernando Sandri, por seu apoio e pelas informações que trouxe do Memorial Ts'ai Lun na China.
Minhas Irmãs Maria Adelaide, pela organização da Bibliografia e apoio nas pesquisas, Ana Julia, por seu apoio na Alemanha com o Gutenberg Museum, e Denise que cuidou de mim enquanto eu concluía este livro.
Meus filhos Igor, que me acompanhou nesta jornada com comentários, conselhos e incentivo, e Bruno, por sua companhia.
Aos Amigos Aparecido Borghi, Bruno Pereira e Paulo Carramenha.
Aos Professores da ESPM Licínio Mota e Antônio Cocenza pelo apoio.
Aos Amigos da Design Absoluto André e Pedro.
Ao Nei Martins da Ibema.
Ao Fábio Mortara da Abigraf.
E um agradecimento especial ao José Roberto Whitaker Penteado pelo prefácio desta obra.

E a minha mulher Ana por ter me acompanhado e apoiado neste trabalho.

A todos o meu muito obrigado.